上帝与祖先

——东北汉人社会的
基督教与亲属制度

李 鹏 ◎ 著

中国出版集团

世界图书出版公司

广州·上海·西安·北京

图书在版编目（CIP）数据

上帝与祖先：东北汉人社会的基督教与亲属制度 /
李鹏著 . —广州：世界图书出版广东有限公司，2025.1重印
ISBN 978-7-5100-9218-3

Ⅰ.①上⋯　Ⅱ.①李⋯　Ⅲ.①汉族—基督教—信仰—
研究—东北地区 ②汉族—亲属制度—研究—东北地区
Ⅳ.① B978 ② K281.1

中国版本图书馆 CIP 数据核字（2015）第 022007 号

上帝与祖先——东北汉人社会的基督教与亲属制度

策划编辑　刘婕妤
责任编辑　梁少玲
出版发行　世界图书出版广东有限公司
地　　址　广州市新港西路大江冲 25 号
http:// www.gdst.com.cn
印　　刷　悦读天下（山东）印务有限公司
规　　格　710mm×1000mm　1/16
印　　张　10.75
字　　数　220 千
版　　次　2015 年 1 月第 1 版　2025 年 1 月第 3 次印刷
ISBN　978-7-5100-9218-3/B・0111
定　　价　68.00 元

序　言

　　李鹏博士以他的博士论文为基础写成的书要出版了，希望我能为他的这本书写一个序。作为他的论文指导老师，我也想分享这一路的成长过程以及工作的得与失，因此欣然同意。

　　中国基督教天主教传播的研究是当代学术界研究的一个热点，我因为没有做过调查，其实对这一领域不是很熟悉，但也有很多直接或者间接的经验。我读研究生的时候，读的是科技史专业，我的很多同学都在做明清传教士的研究，因此，平时的闲聊这也是重要的主题。当时传统的主流观点都是说传教士是帝国主义侵略的先锋，传教士所从事的是文化侵略的工作，所传入的西方科技也只是他们传教的敲门砖，而并非他们的本意。我们的同学当然是想修正这一类的观点的，一方面是说传教士主观上并无侵略中国的企图，传教只是基于信仰；另一方面是说他们的确做了一些扎实的科技传播工作。当时是改革开放的初期，因此痛恨雍正年间对传教士的最终排斥导致了中国彻底的闭关锁国，也认为正因为这一点导致了中国科技和西方科技从此分道扬镳，距离拉得越来越大。我们津津乐道汤若望与杨光先的故事，遥想当年汤若望如何坐着担架与杨光先对质，科学如何获得压倒性的胜利。我们甚至访到了杨光先的老家（在安徽歙县），他的后人除了隐约知道有过这么一个做官的祖先，对这个祖先在中国文化史上所扮演的角色已一无所知。不过，我们最终惋惜的是：如果传教士都能像利玛窦一样，尊重中国文化，尊重中国人对祖先的尊重，就不会有后来的礼仪之争了，或许雍正就不会下禁令，或许中西方的交流就不会中断，或许中国科技就不会在经历一百年之后与西方再次相遇时全面落后……只可惜历史不能重来，我也因此对西方的上帝与中国的祖先之间的难以共存留下了很深的印象。

　　我的家乡在湖南洞庭湖区，在我离开家乡上大学时，还从来没有看到过上帝的影子。有一年我假期回家（大约是 1983 年），见到河对岸一所平时无人居住的房子门前画了一个十字架图案，母亲告诉我这里有一些人信了"耶稣教"，在里面有活动。后来每次回家，就看到房子整修得越来越好、越来越大。前几年回去时，见到原来的房子已经推倒，在原址上建起了一个从规模到式样都和西方教堂很像的教堂。我隔着大门往里张望，看到里面有两个显著的标语，一个是表明他们属于三自教会，另一个则是宗教信仰自由是党和国家的基本政策之类的。更为新奇的是我到我一个舅父家，见到他家堂前贴着十字架与耶稣图像。舅父不在家，舅母有点面带羞涩地告诉我是她信了主，舅父不干涉她。我问她信了主还能够拜祖先吗？舅母一边看着我，一边看着我的母亲，小心地说：我们祭祖是可以的，但不可以拜，我们信主的人可以跟到山里，跟着放鞭炮，作一个揖是可以的，但不可以拜的。看得出来，她对自己的信仰能不能得到亲属的认可也没有太多的信心。

20 世纪 90 年代，我在广西边境从事田野调查，很惊讶地发现在一片墓地中间有一个基督教信徒的孤零零的墓碑。我们将这个刻有十字架的墓碑拓了下来，拿回村落问我们的房东。他们告诉我几年前，这里曾有几个信教的家庭，把家里的财产、房屋全部卖掉了，要去深圳等地追随主，这些人不参加村落里的集体仪式，也不祭祖宗，后来也不知道怎么样了。没有仔细调查，我们也不太知道这是一种什么样的宗教，不过，我们在县城公路边上也看到了耸立在路边的教堂，表明该地信仰基督的信众也有了一定的规模。

李鹏博士的家乡来自于中国极北的东北农村，他所描述的是东北移民村落里有关基督教传播及信仰的情况。与中国其他地方的农村类似，这里也是妇女较早地受到基督教的影响从而又成为当地社会传教的主要推动者，但到目前为止，她们扩张的程度有限，不仅不能够影响社区，甚至得不到家人或者亲属的理解与支持。在日常生活中，她们必须加入到亲属体系的社会互动之中，而在任何公共仪式中，也小心不让自己的信仰与社区的社会与文化相冲突，她们仍然依附在原有的社会体系之下生活。也就是说，尽管基督教传入中国 400 多年，从北到南，我们所见到的很多地方，信徒在当地都是一种异质性的存在，他们很难将信仰融入当地的社会，也很难从当地社会生活中拨离出来，在当地社会的自我再生产过程中，他们也容易被边缘化，成为社区多少受到排斥的人群，而只能在社区之外的教友群体中获得一定的支持。

这也与欧洲的情况有很大的不同。韦伯和古迪都谈到了欧洲基督教的传播如何消灭了原有的继嗣体系与亲属系统，从而使得个体的人能够从原有的共同体中解放出来，成为只对上帝负责的相对独立的个体，这也为之后民族国家时代公民的养成铺平了道路。欧洲的这一过程也开始让我们幻想我们当年除了可能错过了科技的发展外，还可能错失了社会与文化发展的机会，因此，面对着中国当代基督的广泛传播，一些社会学家与人类学家也期待能在中国看到一个同样的过程，不过，至少从我所见以及李鹏博士的田野工作来看，这似乎还是一个遥不可及的梦。

当然，李鹏博士的调查有很大的局限性。他没有调查那种整个社区集体信仰基督教的村落，或者这类村落是否存在，或者基督教是否会在未来成为很多村落的"社区宗教"，我不是很清楚，也期待他能进一步将现有的研究进行下去。李鹏博士本人也从遥远的北国来到了南方工作，他所在工作地点也邻近太平天国的发源地，这或许也是一种工作的机缘，让他进一步的田野工作能与历史连接起来，我也期待他能够将这一工作进一步走向深入。

是为序。

张江华

2014年12月于上海大学

摘　　要

自改革开放以来，基督教在中国呈现复兴之势，尤其是农村的基督教教徒数量迅猛增长。在这样的背景下，很多学者和学术机构开始关注中国基督教的发展，既有从教会组织角度也有从教徒生活角度来研究基督教"本土化"问题的，但更多的学者则关注基督教作为外来文化与中国文化的碰撞问题。在西方社会，亲属是基督教传播的主要渠道，在亲属推动下西方社会最终实现了"基督教化"。亲属制度一直都是人类学研究的重要主题之一，而中国学者在研究基督教的时候，恰恰忽略了中国的亲属制度和基督教的关系，以及中国的亲属制度对基督教在中国的传播产生了怎么样的影响。

本书从东北汉人社会形成的历史出发考察其亲属制度。由于东北汉人社会是由一些为了逃避战乱和灾害而"闯关东"的关内移民组成的，这些移民基本上多是个体或单个家庭移民，并且最终在不同政权的打压下，使得东北汉人社会成为一个无宗族的社会。在这样的社会里，姻亲地位显得十分突出，妇女也成为小家庭的主要亲属实践者。

不同于西方社会通过上层妇女传播基督教，东北汉人社会的基督教主要就是通过一些普通妇女传播，在她们的推动下促进了东北基督教的复兴。虽然这些妇女成为基督教的主要推动者，但她们并没有带动更多的男性和孩子加入基督教，这使得东北基督徒人数虽然增长快但占东北人口总数的绝对比例还是很低且缺乏有效的组织系统。本书通过对基督徒的婚礼和丧葬礼的分析，发现教徒在基督教主要仪式中处于边缘化的地位。究其原因主要是因为东北汉人社会的基督教缺乏一个有效的组织体系和财产非共有，无法满足作为"排他性宗教"应给信徒所要求的"利益"和"宗教慰藉"。

通过对东北汉人社会的基督教与亲属制度关系的研究，我们可以发现：东北汉人社会拥有众多的基督徒，但基督徒的活动依然依附于以祖先为中心的亲属制度，以上帝为核心的基督教更多的只是他们的其中一个身份归属。相较东北汉人社会而言，中国南方社会具有强大的宗族势力，这里的基督徒更是被"边缘化"，因而，中国社会的"基督教化"仍然是征途漫漫。

目　录

第一章　导　论

第一节　研究缘起

一次去姑姑家，晚上看到姑父跪在炕上，嘴里念念有词的，大概持续了半个小时。姑姑告诉我他们信教了。姑父由于腰椎病一直没有治愈，后来在别人的劝导下，信了主。这种情景让我想起了当年全家拜祖宗，每次姑父都是敷衍，跪下去不会超过一分钟就起来，和现在的他真是形成鲜明对比。我不禁想问，为什么一个庄稼汉子会成为上帝拣选的羔羊呢？他这样的行为对他的生活产生什么样的影响呢？

中国社会科学院宗教学所公布关于基督教最新的入户调查数据：从近几年数据看，东北地区教徒增长占总人数的90.5%，而从基督徒开始信仰的年份来看，东北地区1992年信教的人数占基督教主体的90.5%。东北的乡村基督教主要是从20世纪90年代开始进入高速发展时期。教徒数量增长幅度很大，但根据笔者的观察以及相关研究成果来看，表面上"繁荣"的东北乡村基督教并没有达到如华南、西北、华北等地乡村基督教"高组织化"的程度，因而也没有引起研究者的足够重视。为什么东北这块新开发的黑土地在没有被上帝"拣选"的同时也没有得到学界的"垂青"呢？是什么原因造成了今天的局面呢？带着这些问题笔者开始了"解惑"之旅。

第二节　研究文献综述

从已有的经验事实来看，亲属是基督教传播的重要途径，通过这个网络使得基督教不断壮大，但由于各地亲属制度受到其历史和文化的影响，具有不同的内容和连接方式，对此，基督教在不同的地方采取不同的方式进行传播。本书主要研究东北汉人社会的亲属和基督教的关系，因而，文献从以下两个方面展开论述。

（一）基督教与亲属制度

1. 西方社会中的基督教与亲属制度

1—3 世纪是西欧基督教发展的关键时期，发源于中东犹太地区的基督教，作为一个外来宗教进入西欧社会，它遇到很大的传播阻碍，为此基督教在宣教上做出很大的改动：首先，基督教针对当时西欧社会中妇女地位的问题，提出反对杀婴、堕胎以及小新娘等问题，吸引了很多的女性加入基督教；其次，当时的西欧虽然是父系社会，但女性在政治、经济、婚姻和社会等方面都具有比较高的社会地位，这些妇女很欢迎基督教的传教政策，这些贵妇不仅在经济上资助基督教，同时通过自己在家庭中妻子和母亲的角色，鼓励其丈夫和子女成为教徒，这些贵妇是基督教传播过程中福音传播的先行者、宗教传承的维系者、修女院存亡的守护者及各地区间文化交流的纽带。[1] 利奥波德·恰纳克（Leopold Zscharnack）认为：基督教世界不敢忘记的是，主要是女性使得基督教世界迅速成长壮大；是教会早期和其后妇女们传福音的热忱将软弱的和强壮的同样争取过来；由于女基督徒嫁给异教丈夫时，由这种杂婚产生的绝大多数孩童也都在教会内部哺育成长，使得女基督徒不再堕胎或杀婴，这样基督教才逐渐壮大起来。[2] 在基督教的影响下，对家庭标准、新娘的自由、寡妇再婚以及一夫多妻等产生重要的影响，使得妇女获得更多的自由和尊严。[3] 在 313 年君士坦丁大帝顺应了基督教发展的趋势，颁布了"宽容法令"（即米兰赦令，*Edict of Milan*），在 350 年基督徒占整个罗马人口的 56.5%[4]，这样使得基督教的地位得到了确认。在 3 世纪中期基督教家

---

[1]　毕海红：《中世纪早期西欧贵族妇女与基督教的传播》，东北师范大学 2009 年硕士学位论文。

[2]　Leopold Zscharnack: *Der Dienst der Frau in den ersten Jabrbundernrten der christliche Kirche*, 转引自 [美] 施密特：《基督教对文明的影响》，汪晓丹、赵巍译，北京：北京大学出版社 2008 年版，第 91 页。

[3]　[美] 施密特：《基督教对文明的影响》，汪晓丹、赵巍译，北京：北京大学出版社 2008 年版，第 87—98 页。

[4]　[美] 罗德尼·斯塔克：《基督教的兴起》，黄剑波、高民贵译，上海：上海古籍出版社 2005 年版，第 8 页。

庭聚会所经过很大程度的改造，成了完全为宗教活动所用的建筑，而停止了所有的家庭活动。[1] 在西方，马克斯·韦伯（Max Weber）在《经济与社会》以及《中国的宗教》（或译成《儒教与道教》）中论述了基督教和亲属的关系。他认为：在西欧中世纪城市，这些城市自由民是以个人的身份加入公民团体和履行公民宣誓。作为公民的合法权利的基础，便是这种在城市当地团体中的个人成员身份，而不是其亲属身份或部落成员身份。[2] 韦伯认为：发生这种情况是因为中世纪的城市和古代城市一样，都是建立在共同的祭礼及其城市教会和保护神之上的联合体，所有的公民都参加圣餐和共同体的正式教会节庆活动。基督教使亲属集团丧失了所有的宗教礼仪意义。每一个基督教社区从根本上说是一个由单个信徒组成的信仰联合体，而不是由亲属集团组成的礼仪联合体。[3] 韦伯在论述新教伦理与资本主义精神的时候，他的着眼点在于：宗教与社会的其他层面、理念与利益（包括精神和物质），在人类文明的整体发展上，究竟有着什么样的互动关系；在种种互动关系下，呈现怎样的理性内涵。换言之，在韦伯看来，每一种文明自有其独特的理性内涵，并且由其政治体制、社会结构、经济运行等机制及活跃其间的主导阶层及异端分子所担纲的信念等，交融体现出来。[4] 在西方，宗族组织在基督教会和国家政权两种理性力量的冲击下，早在中世纪已经销声匿迹了；而在中国，宗族组织不仅完完整整延续下来，而且还被发扬光大，在县级以下，中国农村生活是乡绅势力控制、宗族自治。韦伯观察到宗族组织是中国乡土社会中最重要的"法人行动者"，其不仅开办学校，建立祠堂，而且还拥有土地，经营手工业，为全组成员提供贷款，解决冲突和维持公正。[5] 英国人类学家杰克·古迪（Jack Goody）在《欧洲婚姻与家庭的发展》中提到：一夫一妻制来源于耶稣时代的犹太社会，它起初只是一种小家庭的理想模式，但被基督教反复强调。教会接受信徒的赠予和遗赠而变成那个时代最大的地主，教会需要大量的财富供给担任神

---

　　[1]　White Michael: *Building God's House in the Roman World: Architecture Adoptions among Pagans, Jews ,and Christians*, Baltimore: Johns Hopkins University Press, 1990: 120.

　　[2]　[美]莱因哈特·本迪克斯：《马克斯·韦伯思想肖》，刘北成等译，上海：上海人民出版社 2002 年版。

　　[3]　[德]马克斯·韦伯：《经济与社会》，桂林：广西师范大学出版社 2004 年版。

　　[4]　[德]马克斯·韦伯：《中国的宗教》，桂林：广西师范大学出版社 2004 年版，导言。

　　[5]　[美]彭玉生：《中国经济转型中的宗族网络与私营企业》，中国社会学人类学研究网。

职的人、寺院机构、慈善事业，所以教会反对一切旨在保留家庭祖传遗产的做法，如同居、寡妇再婚、亲属婚姻、收养等。基督教会害怕贵族内部通过通婚扩大亲属势力，使大量土地集中在贵族手里，从而影响了教会对土地的获取，使自己的经济利益受到损害，因为没有继承人的土地所有者据说更有可能把土地捐给教会。而教会持之以恒地反对家庭亲属关系的扩大以及财产在家庭内部的积聚是导致西方出现小家庭模式的决定因素，并且通过教会把一些有关于婚姻和家庭的规范都纳入教会来管理甚至成为基督教的圣事。[1] 他的研究也证明了基督教在欧洲社会的传播，使得欧洲社会的父系血缘组织的很多宗教礼仪功能转给了教会，进而造就了欧洲社会转型的条件。[2] 而韦伯在论述儒学和新教的伦理时认为：后者的要旨是使生物的任务客观化，而前者则力图在自然生成的个人团体圈子里，发展出自己最强有力的动机。新教徒对超世的、彼岸的上帝负有宗教义务，因此他把所有与人共处的关系——包括对在自然生命秩序中与自己亲近的事物的关系——仅仅视为超越有机生命关系的手段与这一信念的表现。而虔诚的中国人的宗教义务，旨在促使自己在既定的有机个人关系里去产生影响。新教伦理的伟大在于冲破了宗族的纽带，建立起信仰共同体与一种共同的生活伦理，它优越于血缘共同体，甚至在很大的程度上与家庭相对立。[3] 因而我们从前文中看到，西方社会中的基督教虽然依附亲属来传播，但其后来"抢夺"了很多原属于家庭和亲属内部的职能，进而取代了亲属在社会中的地位，使得西方社会最终完全被"基督教化"。

2. 中国社会中的基督教与亲属制度

中国是一个传统的父系社会，尤其是南方的宗族社会，男性在家庭中居于绝对的主导地位，而女性从出生到死亡都是建立在对男性依赖的基础上的。中国亲属制度也就是在男性的基础上建立起来的，女性成为亲属的附属物。随着现代化的深入，妇女也开始走出家庭，进入社会的各个领域，承担"半边天"的角色，但中国社会中男性的支配地位还是没有被撼动，男性依然是亲属的主体和构建者。

在中华帝国时期，天主教从进入中国开始就一直面临着"礼仪之争"，虽然

---

[1] 薄洁萍：《上帝作证》，上海：学林出版社 2005 年版，第 2—113 页。

[2] Jacky Goody: *The Development of the Family and Marriage in Europe*, Press of Cambridge University, 1983.

[3] [德] 马克斯·韦伯：《儒教与道教》，洪天富译，南京：江苏人民出版社 2003 年版，第 187—188 页。

利玛窦（Matteo Ricci）力主"合儒、补儒、超儒"的传教策略，以利用儒学经典和介绍当时西方科学知识为手段，宣扬基督教的教义。利玛窦认为：吾天主乃古经书所称上帝也。中庸引孔子曰：郊社之礼，所以事上帝也……上帝有庭，则不以苍天为上帝可知。历观古书，而知上帝与天主，特异以名也。[1] 利玛窦借鉴西欧的传教模式，首先走上层路线，注意从官员中发展信徒，穿汉服说汉话甚至是方言，积极推进基督教的本土化，并且利玛窦认为中国人的"祭祖"是孝道的最大表现，"祭祖"和"祭孔"是儒学所倡导的行为，是具有维护中国社会良好秩序的基本手段，并非是迷信，而是出于维系道德的需要。[2] 但从龙华民（Nicolas Longobardi）开始，大多来华的传教士对于"祭孔"、"祭祖"提出质疑，龙华民反对利玛窦使用的"天"和"上帝"，他的理由是当时耶稣会远东视察员巴范济（Francrsco Pasio）得到日本耶稣会的报告，日本人就是用理学家朱熹的思想去解释"天"和"上帝"的，但并不能代表基督教所称的创造万物的尊神。[3] 后来由于法国、意大利、葡萄牙之间争夺在中国的传教权，天主教各教会之间在神学上的分歧，当时天主教士参与中国宫廷的内部争斗等原因，最后导致雍正皇帝于1724 年下令禁教。[4] "礼仪之争"从表面上看是两种不同文化的冲突，但实际上我们发现：产生问题的根本在于基督教和中国文化（尤其是儒学）对待祖先问题上的差异，祖先在中国文化中具有不可撼动的地位，是受到中国供奉的主要对象之一，而挑战了祖先也就意味着自己忘记了"根"、不是一个中国人，所以这也是皇帝禁教的出发点之一。

明末的徐光启、李之藻、杨廷筠等士大夫都是在利玛窦的影响下加入天主教的，并且在这些早期中国基督徒的带动下，使得其家族甚至是宗族都信仰基督教，从而出现了中国早期的基督教群体。[5] 同样是华南的宗族社会里，朱峰关注的是清末民初福建地区的基督教与海外移民的文化适应，研究对象为古田茶农林氏，其在家庭变故后加入基督教，后因林禄周是族长，带动全族信仰基督教，促进基

---

[1] ［意］利玛窦：《天学实义·上学篇》第 2 篇，转引自吴莉苇：《中国利益之争》，上海：上海古籍出版社 2007 年版。

[2] 张国刚：《从中西初识到礼仪之争》，北京：人民出版社 2003 年版，第 357—402 页。

[3] 罗光：《教廷与中国使节史》，台北：传记文学出版社 1983 年版。

[4] 顾为民：《中国与罗马教廷关系史略》，上海：东方出版社 2000 年版。

[5] 黄一农：《两头蛇》，上海：上海古籍出版社 2006 年版。

督教走进当地的"公共领域"。在闽清地区，刘、黄是当地两个望族，1866 年刘宗彬因子病，被传教士医好，他因而弃佛入教；同年 11 月黄乃裳入教，并且黄乃裳出身儒学士大夫，乡试中举，后积极参加革命活动。刘宗彬和黄乃裳都在本族中享有很高地位，即乡村精英，在他们带领下两族大部分村民信仰基督教。[1]

张先清分析顶头村基督教历史时，一直追溯到黄文济，他是书房十四世，曾外出做官，后回乡管理本族事务。张先清从文献数据得到结论：清前期黄氏宗族中信教者几近本族的半数，该族的信徒占据了本村天主教的大多数，构成了顶头天主教会的主体，由此顶头天主教会带有黄氏宗族归属性的色彩。穆洋缪氏天主教虽然在缪桂三之前就有信仰，但村民习惯认为从缪桂三开始，缪桂三是宗族第三房即利房的一个乡绅，有六子一女，加之后代人丁兴旺，20 世纪 80 年代修族谱时，已达到 1 499 人，几乎都是天主教徒。张先清从宗族与天主教的关系中发现：作为地方望族的天主教化直接影响到天主教在该地的传播，天主教不仅得以依附宗族，作为该族的一个主要宗教信仰而被延续下来，而且宗族的权势地位也无形中为天主教信仰在当地乡村社会的发展提供了某种程度上的庇护。明清时期，福建福安乡村天主教会的发展主要就是依靠当地乡村宗族的支持，如顶头黄氏、穆洋缪氏、双峰冯氏等，最后得到宗族认同并成为护佑族人的信仰体系。这些以天主教信仰为主的乡村宗族在福安乡村社会中构筑了一个覆盖面甚为广阔的基层天主教网络，而正是借助于当地这些人对天主教的接受、继承与保护，天主教信仰最终得以根植于明清时期福安的基层乡村社会中。[2]

李榭熙（Joseph Tse-Hei Lee）深入潮汕地区基督教乡村，结合史料，探讨了基督教从东南沿海进入内地的过程，以及在过程中发生的基督教群体与非基督教群体之间、基督教与天主教等宗派之间以及基督教内部的教派之间的冲突与对抗。作者着重分析了基督教如何成为地方乡村争斗中可资利用的外部资源，从而卷入华南地区广泛存在的乡村械斗之中，乃至成为地方政治的一个组成部分。[3]

这些作者从乡村社会入手，对基督教在华南地区的传播情况进行了细致入微的考察，对基督教是如何向中国内地渗透的、中国的乡村居民对基督教这个新生

---

[1]　朱峰：《基督教与海外华人的文化适应》，北京：中华书局 2009 年版。

[2]　张先清：《官府、宗族与天主教》，北京：中华书局 2009 年版，第 264 页。

[3]　[美] 李榭熙：《圣经与枪炮》，雷春芳译，北京：社会科学文献出版社 2010 年版。

事物有什么反应、基督教对中国乡村社会产生了怎样的影响等一系列重要问题进行了深入探讨。

改革开放以后，基督教在中国的发展迎来了有一个高潮时期，虽然官方的统计数据显示目前中国的基督徒人数只达到 2 305 万 [1]，但至少说明基督教已经稳步发展，因而吸引了很多学者关注中国基督教。

黄剑波的博士论文《"四人堂"纪事》就可谓是大陆人类学关于乡村基督教的开山之作。作者在"无心插柳"的情况下来到甘肃天水的吴庄，吴庄有 500 多户，其中吴姓有 395 户，吴庄 1 000 多的信徒中吴姓占很大比重。其中很多吴姓宗教精英领导着吴庄的基督教生活。作者提出四个问题：① 基督教在中国北方内陆农村社区的进入方式及其本土化策略，以及其对乡村原有社会文化、社区群体结构及家庭关系的冲击和改造；②乡村基督教如何在国家的强势在场及社区传统力量的双压力下生存和发展，以及其所采用的回应策略和方式；③经济全球化和城市化进程中乡村基督教的世俗化现象，及其现象之下的宗教强化暗流，由此探讨乡村基督教的危机和走向，并论证对宗教人士的新范式；④乡村社区中信仰和政治的关联，以及各种势力的消长关系，特别讨论作为外来信仰的基督教与其他本土信仰形式，尤其是伏羲信仰的关系。[2] 作者在叙事过程中逐渐解找到答案，并且最后提出五个研究乡村基督教的范式。同时作者从吴庄的对联、伏羲庙、大喇叭、乡村政治等角度深入分析教徒在吴庄的实践策略。作者虽然没有直接说明基督教借助亲属网络传播，但我们从黄剑波讲述吴庄早期基督教传播的时候，谈到在吴步一、吴荣一、吴发荣、吴荣址四人带动下，使得基督教成为吴庄人的继发信仰，目前吴庄信徒占总人数的三分之一的信息中可推断出来。

吴飞的调查地点——华北的段庄，段庄里的段姓占 80%，其中南边段姓的后裔几乎全部信教；赵家是个小姓但全部信教；另外张姓很少信教；李家的一支（李书文家）全部信教。[3] 吴飞以段庄为调查地点，重新理解韦伯提出的宗教社会学命题，指出问题的症结并不是宗教能否促进现代化，而是宗教究竟是否可能影响到伦理生活。吴飞发现在段庄里，天主教没有形成与新教一样的一套有效体系从

---

[1] 该数据来自中国社会科学院调查数据。

[2] 黄剑波：《四人堂纪事——中国乡村基督教的人类学研究》，北京：中央民族大学 2002 年博士学位论文。

[3] 吴飞：《麦芒上的圣言》，香港：道风书社 2001 年版，第 193 页。

而改变日常生活的伦理，而只是在仪式上和组织上形成了一个天主教身份亚群体，但未在伦理层面使天主教有别于普通农民。[1] 并且吴飞认为家族不仅不和信教矛盾，而且大大强化了教会群体的稳固性，段庄共有 70 户教友，其中 66 户的户主姓段，而赵家全部奉教。并且从对段庄天主教发展的历史来看，早期只有几个人信教，后来才逐渐壮大，而这种始发性信仰必然带动其家人甚至是族人成为教徒，因而从老一辈教徒的名字如品贞，就可以知道：这个村庄信教的历史很久远，并且全族信仰早已经是事实了。

李峰运用在浙江某村的调查资料，试图对乡村基督教教职人员的社会阶层做出分析。他分析的 B 和 D 教会中"先赋性"[2] 的信仰占绝对大的比重，因而他认为当地的教会、宗族以及与村委会之间依据各自自身的行为逻辑保持着和谐的局面，并且大部分都是信徒与非信徒之间的交际，因而避免了上升为组织间的行为，但教会也会出资办村里的公益事业，因而才能在村中建立良好的组织秩序。[3]

赵文祠（Richard Madsen）和黄剑著《四人堂纪事——一个凸显的公民社会的悲剧与希望》是当代人类学界中少有地把基督教与公民社会结合的佳作之一。作者认为在西方由于基督教的促进导致公民社会的出现，而中国天主教为什么没有促进公民社会反而成为一个障碍？其原因在于政治制度和中国近代史。作者从调查资料中收集很多的个案用于说明他的观点，同时他也认为：一个社会需要公民道德，这些美德只能从令人敬仰的政治制度中产生。中国政治制度未能激发这种道义上的尊重，宗教理应填补精神真空，不幸的是中国传统宗教包括基督教等都过于专注自我而缺乏宽容和温情。并且赵文祠认为："文化大革命"之后那么多教徒立即恢复信仰并不是因为他们多么忠于天主教，而是因为他们忠于家族，忠于父祖相传的信仰。信仰天主教是他们家族的一个标志，因而他们渴望恢复。[4]而有的学者指出赵著的缺点与整个论文相比，真的是瑕不掩瑜[5]，赵著关于宗教

---

[1] 黄剑波：《二十年来中国大陆基督教的经验性研究评述》，黄剑波的博客：http://joshua2005bj.bokee.com/。

[2] 主要是指由于家族的先辈信教，而导致自己从小跟随信仰。

[3] 李峰：《乡村基督教的组织特征及其社会结构性位序》，上海：复旦大学出版社 2005年版。

[4] Richard Madsen: *China's Catholics: Tragedy and Hope in an Emerging Civil Society*, Berkeley: University of California Press, 1998.

[5] 韩俊魁：《公民社会研究的人类学视角》，载《思想战线》2005 年第 6 期。

与公民社会的研究对中国学者的启发作用是相当大的。

国外学者史维东（Alan Richard Sweeten）[1]、裴士丹（Daniel H Bays）等人的研究也强调基督教与乡村社会的互动，这反映了地方社会内部的不同基层为了自身利益而入教，以此来达到整合原来的地方社会、重建社群内部联系的目的，这些研究都是从基层社会出发，去考察基督教群体的微观生活。正如裴士丹认为：当前学者对中国基督教历史的研究，更注重本地信徒的研究，更多地使用中文档案和民间原始材料，把地方教会作为地方社会整体不可或缺的重要组成部分。[2]

综合上述的文献我们发现，基督教在中国的传播借助中国的亲属网络，这是所有作者都没有否认的事实，但没有人对基督教如何借助亲属、基督教与亲属之间的实践关系做出具体的分析。因而基督教与亲属关系的研究是一个有待于深入的话题。

（二）东北汉人社会的亲属制度

东北汉人社会作为一个移民社会，很多的学者都是从历史角度研究东北汉人社会的文化特质以及其与当地文化的交融，但真正从社会学、人类学角度研究的甚少。

近代对于东北的人类学研究可以追溯到日本人类学家鸟居龙藏（Torii Ryuzo），他十几次进入东北地区，对这里不同族群的历史、语言、宗教和民俗进行综合性的研究，先后出版了《南满洲调查报告》《从人类学及民族学上看东北亚》《黑龙江和萨哈林岛北部》几部著作，以及在《人类学杂志》上发表数篇论文。虽然他在人类学上没有理论建树，但他对东北的古迹及文化做了详细的记载，其作品是从事东北人类学研究者的必读著作。俄国人类学家史禄国（Sergei M. Shirokogoroff）的《满族的社会组织》和《北方通古斯的社会组织》[3]两本书系统地论述东北地区满—通古斯语族（尤其是满族、鄂伦春、鄂温克）的生活环境、生计、社会组织与结构以及风俗等内容，虽然其中内容带有一些资产阶级思想，

---

[1] Alan Richard Sweeten: *Christianity in rural China: conflict and accommodation in Jiangxi Province, 1860-1900*. Center for Chinese Studies, University of Michigan, 2001.

[2] Daniel H. Bays: *Christianity and Dynamics of Qing Society , Christianity in China : From the Eighteen Century to the Present* ，Stanford University Press, 1996.

[3] [俄] 史禄国：《北方通古斯的社会组织》，吴有刚、赵复兴、孟克译，呼和浩特：内蒙古人民出版社 1985 年版。

但却是当时第一本从人类学角度研究东北地区的专著，尤其是把当时西方人类学理论运用到中国人类学研究中，对于当今的东北地区人类学研究具有重要的参考价值。本土人类学家研究东北社会首推凌纯声，他的《松花江下游的赫哲族》[1]主要集中研究吉林省松花江下游（从依兰到抚远），把关于赫哲族的已有研究资料从浩如烟海的史籍中逐步挖掘出来，并进行了初步的整理与考订，至今仍是研究赫哲族的生计、信仰、服饰以及民间技艺等特色文化最有价值的宝库[2]；"凌纯声对赫哲族研究既有宏观的架构，又有微观的把握。对于赫哲族特质文化细致入微的阐释，是本书的一大特色。"[3]但由于该书是我国早期的一部人类学著作因而主要存在两点不足之处：一是该书所论及的只是我国境内的赫哲族，没有涉及同时代苏联境内的赫哲族（那乃人）；二是该书所论及的主要是20世纪初我国境内赫哲族的文化现状，但这一研究没有说明赫哲族是适应怎样的生活环境而创造出文物和制度的，更没有把赫哲族的各种文化现象置于其社会脉络中加以考察，使人无法了解其各种社会、文化之间的联系，也无法了解其各种制度队社会有何影响或作用。[4]

在人类学的中国研究中，出现了东南的社区研究和西南的族群研究两大研究范式。东北由于其特殊的历史和文化，以往学者不仅注重经验性的实地调查，而且对历史文献也比较倚重，既有区域性的演技，也有以社区为单位的研究，如何将区域研究与实地调查结合起来，对东北的历史和文化进行充分的记述，是人类学东北研究面临的首要任务。在具体的实践层面上，由于东北内部同样有着再地方化的历史，可以按不同标准做不同类型的民族志。[5]近代对于东北汉人社会的研究主要从汉族和少数民族两个族群以及它们之间的互动展开。东北是满族的发源地，通古斯语族也主要集中于此。鲍明借用美国人类学家本尼迪克特（Ruth

---

[1] 凌纯声：《松花江下游的赫哲族》，国立中央研究院历史语言文化研究所单刊甲种之十四，1934年。

[2] 何玉芳：《赫哲族那乃人文化变迁研究》，北京：中央民族大学2005年博士学位论文；郝庆云：《17世纪至20世纪赫哲与那乃社会文化变迁研究》，长春：东北师范大学2007年博士学位论文。

[3] 祈庆富：《凌纯声和他的"松花江下游的赫哲族"》，载《中南民族大学学报》2004年第6期。

[4] 王建民：《中国民族学史》（上卷），昆明：云南教育出版社1997年版。

[5] 吴世旭：《人类学的东北研究断想》，载《文化学刊》2011年第9期。

Benedict）的"文化模式"，从满族的亲属、家族、信仰、经济观和教育观等方面论证满族的"文化模式"是不同于传统的文化模式。[1] 关凯从社区研究的角度分析满族的认同问题，作者以吉林市乌拉街为调查地点，进而回答当代社会中满族到底"消失"了吗？[2] 研究满族学者定宜庄从历史的角度分析满族形成和发展的族群认同问题，她从族谱和叙述/历史记忆方面说明满族族群内部的复杂性，以及满汉之间的互动。从人类学的角度弥补了历史学家和语言学家对满族研究所忽略的问题。[3] 聂佳昕从"祭祀圈"理论出发分析河西村内的朝鲜族和汉族在信仰方面的发展脉络，呈现出一个朝鲜族的神如何被当地汉族接受的过程，最终建立一个跨民族的"祭祀圈"。当然其中集体记忆、外在的行政力量、市场力量和内在的乡土要求都在发挥重要的作用。[4] 詹娜从文化变迁和记忆角度分析这些少数民族的文化变迁和社会结构，以满族的"二月二"为例，其仪式的宗教意识淡化，实用功能凸显，并具有调节农耕周期、传承农耕知识、祈盼农事顺利的地方性功能与意义，正是通过民众的个体与集体记忆的描述，仪式程序及信仰心理的不断强化和巩固，传统农耕知识与技术智慧得以延续传承。[5] 徐薇通过对一个普通民间二人转乐队的成员构成、经济状况、社会关系以及在红白喜事中的演出活动等方面进行由表及里的描述、分析和阐释，进而探讨二人转乐队及艺人的表演在乡村社会中存在的功能与意义，以及与当地文化的联系与互动。[6] 此外，李中清、康文林利用辽宁的人口数据，经过分析发现中国农村自 1979 年以后的社会分层的变化与 1909 年有很大的相似性，或者可以说是一种农村传统社会的延续。[7]

东北汉族作为一个移民群体，成为后来东北地区的主体，很多学者都认为东北文化或黑土文化都是移民文化的一个表现形式，因而东北地域文化是土著居民

---

[1] 鲍明：《满族文化模式》，沈阳：辽宁民族出版社 2008 年版。

[2] 关凯：《满族消失了吗？》，北京：中央民族大学 2009 年博士学位论文。

[3] 定宜庄：《从族谱编撰看满族的族群认同》，载《民族研究》2001 年第 6 期；定宜庄、邵丹：《历史、事实与叙事》，载《广西民族学院学报》2002 年第 3 期。

[4] 聂佳昕：《山神崇拜与村落社会认同》，上海：上海大学 2007 年博士学位论文，未刊稿。

[5] 詹娜：《仪式、记忆与知识传承》，载《满族研究》2009 第 3 期。

[6] 徐薇：《东北农村二人转乐队的人类学考察》，载《黑龙江民族丛刊》2008 第 3 期。

[7] 李中清、康文林：《中国农村传统社会的延续》，载《清华大学学报》（哲学社会科学版）2008 年第 4 期。

在与中原汉族文化互相渗透中逐渐产生。[1] 阎云翔分析下岬村的礼物流动时，注意到当地满族文化对该地的影响，尤其是婚姻礼仪方面。阎云翔在《礼物的流动》中主要从两个角度进行对话：一是针对弗里德曼（Maurice Freedman）的宗族模式，阎云翔指出在东北地区"宗族范式"提出严重的挑战；二是针对莫斯的礼物理论，指出东北乡村不同于传统的模式，增加了人情和关系的维度。[2] 虽然有人批评阎云翔的东北亲属研究并不能对弗里德曼的宗族范式进行挑战[3]，但至少有人认为这是一种补充。[4] 阎云翔的《私人生活的变革》从国家与社会的视角探讨为什么下岬村会出现"无公德的人"[5]，虽然作者给出的几个解释后来也受到学者的质疑，但他超越了研究家庭只侧重共有结构、经济组织和政治阶层的模式，探讨家庭中个人与情感的方方面面。[6] 因此，阎云翔关于下岬村的人类学研究在当代中国人类学尤其是东北乡村的人类学研究中都具有重要的意义。同时经过多年的思考，阎云翔认为：一场在日常生活领域重塑中国人和中国社会的伟大变革正在悄然进行，其中最深层的变化是，道德坐标和道德体验的转型。他向我们展示了今天的中国文化正在见证并孕育着一种新的个体主义。这种个体主义在过去是不可言说的、不成熟的，甚至在政治上是不被接受的，而如今却公开地发挥着影响力。中国人的自我与人格已经变得与以往不同了，就像他们的地方道德社会一样，正处在转型之中。对阎云翔来说，这种新的现实既令人担忧又给人以希望。[7] 从长远看，中国社会的个体化将会走向何方？中国政府为人民提供良好生活的新意识形态将会进一步深化个体化吗？这样做会潜移默化地改变政治现实吗？抑或，国家会限制个体多元化的范围，以此让个体化像全球化一样向国家的利益低头让步吗？这种个体化对古老中国的亲属体系到底有什么样的冲击？阎云翔对下岬村的研究无疑是当代对东北汉人社会研究的问鼎之作。《礼物的流动》讲述了东北汉人社会的亲属结构，如姻亲的重要地位、村内婚、宗亲、连桥等现象，为读者展示了东北汉人社会不同的亲属结构，但阎云翔没有从整体上反映东北汉人社会为什么

[1]　陈忠、王曦昌：《东北的移民文化形态及其异化初探》，载《社会科学战线》1997 第 6 期。

[2]　阎云翔：《礼物的流动》，李放春译，上海：上海人民出版社 1996 年版。

[3]　杨念群：《亲密关系变革中的"私人"与"国家"》，载《读书》2006 年第 10 期。

[4]　杜婧：《试论阎云翔下岬模式的意义所在》，载《社科论坛》2009 年第 4 期。

[5]　阎云翔：《私人生活的变革》，龚小夏译，上海：上海书店出版社 2005 年版。

[6]　萧凤霞：《中国纪元：背负历史行囊快速前进》，载《社会学研究》2006 年第 5 期。

[7]　阎云翔：《中国社会的个体化》，陆洋译，上海：上海译文出版社 2012 年版。

是这种亲属制度，这种亲属制度对东北汉人社会产生什么影响？他的研究只是从侧面让我们感受到东北汉人社会的不同，但无法让人系统地了解东北汉人社会的亲属制度。

因而笔者的研究问题就是：通过对东北汉人社会不同的亲属制度的研究，在反思西方基督教与亲属制度关系的基础上，结合东北汉人社会的历史和文化，探讨在东北汉人社会里基督教与亲属制度之间的关系。

第三节　厘清概念

一、亲属制度

从博厄斯（Boas Franz）开始，后有布朗（Alfred Radcliffe-Brown）、列维-斯特莱斯（Claude Lévi-Strauss）、尼达姆（Rodney Needham）等人不断丰富与发展，使得亲属制度成为人类学研究的经典命题之一，后来受到施奈德（Schneider Davie）的挑战，他认为亲属制度研究完全是人类学家根据自己尤其是西方的文化背景建构起来的一套概念体系和方法，因此任何对研究对象的社会制度（尤其是继嗣和婚姻制度）的论述都受到了西方文化的遮蔽。[1] 由弗里德曼开辟的汉学人类学关于"宗族模式"[2]的研究，一直受人推崇，他论述从宗族组织认识中国社会，为后来的学者提供了基本模式和出发点，后来学者不断追随他的研究，多数是基于地方性对该模式进行验证和补充。[3] 费孝通认为家庭成员之间的关系就是以生和育为基础形成的关系。[4] 他认为乡土中国的社会结就是"差序格局"，这是中国社会结构的基本特征。这个"差序格局"中侧重于血缘关系即宗族。[5] 当然杜赞奇（Prasenjit Duara）利用满铁调查资料，也在证明宗族和宗教、权力管理组织一起构成"权力的文化网络"，成为地方社会最活跃的政治力量，管理地方事务。[6]

---

[1]　Schneider Davie: *A Critique of the Study of Kinship*, Ann Arbor: The University of Michigan Press, 1984.

[2]　[英]莫里斯·弗里德曼：《中国东南的宗族组织》，刘晓春译，上海：上海人民出版社 2000 年版。

[3]　刁统菊：《亲属制度的另一种路径》，载《西北民族研究》2009 年第 2 期。

[4]　费孝通：《生育制度》，上海：上海世纪出版集团 2008 年版。

[5]　费孝通：《乡土中国》，上海：上海世纪出版集团 2008 年版。

[6]　[美]杜赞奇：《文化、权力与国家》，王福明译，南京：江苏人民出版社 1996 年版。

尼达姆认为：所谓亲属是权力的分配和其代际间继替的问题。这是根本的前提。这里所说的权利不只是特定的权利，它包含了诸如集团的成员权、地位的继承、财产的继承、居住地、职业等所有的内容，这些的权利的传递与给予者和接受者的性别和血脉并没有任何关系。[1] 随着时代和文化的变迁，出现很多离婚（再婚）、代孕、试管婴儿等新的社会现象，尼达姆关于亲属制度的解释更适合当代。

由于目前有人开始质疑现代中国是否存在宗族，从弗里德曼开始的宗族研究模式，虽然受到攻击，但却成为汉学界研究中国的研究范式之一。但经过大规模的"国家建设"后，当代的"宗族"已经不具备弗里德曼所说的条件，那现在又怎么称呼这种亲属制度呢？并且阎云翔在《礼物的流动》中提出东北与南方具有不同的亲属形式，笔者认为：主要是东北汉人社会是个移民社会，东北的移民由于地处环境和时代的背景不同又形成了不同的亲属制度特点，尤其是姻亲从汉人开始在东北这块土地生活就已经在亲属网络中占据了重要的位置，因而本书为了避免争执，继续使用"亲属"一词，只是这里亲属主要包括父系和婚姻的血缘亲属，也包括没有血缘关系但被认可是一个家庭成员而具备某些权利而建立的亲属关系。

二、乡村基督教

目前中国基督教的发展形式比较复杂，这里主要指游离于官方的"三自"之外的、没有受到"三自"领导和资金赞助的教会，存在于乡村社会，而在东北主要是以聚会点 [2] 的形式出现。另外，基督教 [3] 分为基督新教、天主教和东正教，但本书的基督教主要包括基督新教和天主教，而不包括东正教。并且通过对乡村的基督新教和天主教的观察，笔者发现：东北农村对于这两个教派除了供奉圣母和耶稣外没有明确的区别，教义和仪式上都是按照当地的方式进行的，甚至是同一个教派在各地也有很大的差别，因而本书的基督教除特殊说明外，就是专指拉拉屯的基督新教。乡村基督教是指游离于"三自"之外的、在农村发展的基督教聚会点。

---

[1]　Rodney Needham: *Rethinking kinship and marriage*, Tavistock 1971: 3-4.

[2]　书中原用"家庭教会"，后改为"聚会点"，与"家庭教会"有相同意思。

[3]　该处基督教是广义上的宗教体系。

三、东北汉人社会

由于受到大传统与小传统的影响，大家都习惯把乡村作为小传统的载体，而到了近代，尤其是美国民俗学家邓迪斯（Alan Dundes）扩大了"民"和"俗"的范围，使得大小传统逐步勾连在一起。中国乡村不仅包括汉族还包括少数民族等族群的村庄，并且还出现多族群混杂的村庄，而且历史上，满—通古斯语族长期居住于东北，而清以前进入东北的汉族都被同化为当地的少数民族，因而目前东北汉族主要是康熙开禁后，移入东北汉族的后裔。在本书中，东北汉人社会／东北乡村主要是指以汉族为主体的农村或者是从关外移入东北的汉族组成的村庄。本书中的东北地区主要指包括黑龙江、吉林、辽宁在内的地区，如果把内蒙古东部地区包括进来的话，本书将特别注明。

第四节　研究工具、研究方法、研究框架

一、研究工具

实践理论：本研究将以当代法国著名的人类学家、社会学家布迪厄 (Pierre Bourdieu) 的社会实践理论作为分析的工具。布迪厄意义上的实践并不是指践行理论的实践，而是行动者进行的日常的实际行动。布迪厄本人并没有给实践下一个精确的定义，而是通过概括实践的特性来解释实践。布迪厄把时间引入到实践之中，他强调实践具有紧迫性。他认为，实践就是游戏，是一种实践感。[1]

概而言之，布迪厄的社会实践理论是围绕着行动者在哪里实践、如何实践、用什么实践等相互联系的基本问题而展开的，具体来说，就是行动者的实践空间、实践逻辑、实践工具是什么？布迪厄用场域、惯习、资本以及三者之间的关系分别回答了这三个社会实践观的基本问题。他认为，人类社会是由社会结构和心态结构组成的，生活在社会空间中的行动者是由特定的社会关系网络来确定其社会位置的，行动者凭借各自拥有的特定资本和特定惯习，在一定的社会场域中生活，在一定的社会制约条件的客观环境和结构中，不断地同时创造和建构自身和生活在其中的社会。

---

[1]　高宣扬：《布迪厄的社会理论》，上海：同济大学出版社 2004 年版。

二、研究方法

（一）田野调查法

自马林诺夫斯基 (Malinowski Bronislaw) 开始，学者把田野调查作为人类学者的必修课。经过后现代，很多学者开始从不同的方面检讨田野调查存在的诸多问题，尤其是关于西方理论与非西方的经验、本土文化与异文化、文化研究者的主体性与被研究者的主体性等问题 [1]，但至今没有人否定田野调查是人类学区别于其他学科的标志之一。中国人类学自从费孝通开始一直坚持以田野调查作为己任，从江村经济到云南三村，从苏南模式到小城镇的提出，都包含着中国人类学家的智慧和辛劳。

由于笔者的调查地点是东北汉族农村，历史比较短，关于村庄和家族的历史几乎找不到任何的文献，最接近村庄的文献也就是该县县志，该县至今只出版过两本县志，分别于 1986 年和 2005 年，因而要具体了解这个村的移民和社会变迁方面的资料只能依赖于访谈和参与观察。笔者通过共计 8 个多月的参与式调查，在掌握足够田野资料的前提下，形成现在的问题，并结合相关的文献、研究理论以及丰富文本叙事的材料，通过乡村基督教的叙事研究，来回答前面提出的问题。

（二）生命史、社会史

生命史最早见于美国芝加哥学派代表作《身处欧美的波兰农民》，该书从普通人的生活经历中发现历史的轨迹。台湾学者黄树民采用生命史的方法描述林村在过去 35 年来的变化。[2] 分析个人生命史是不够的，还应该将其置于群体框架中，寻求特定社会位置上的个体生活轨迹的异同，并且要了解他们在大规模社会变迁中的集体性定位，重点放在公共背景和社会生活的经验常规上，以便了解大规模社会变迁的影响。[3] 很多学者将关注的目光投向一个社会中的卡里斯玛，通过他们来看地方社会与国家的关系，虽然卡里斯玛对地方社会影响会很深远，有时候

[1] 马尔库斯·费彻尔：《作为文化批评的人类学》，王铭铭、蓝达居译，北京：生活·读书·新知三联书店 1998 年版；克利福德·马库斯：《写文化》，高丙中等译，北京：商务印书馆 2006 年版。

[2] 黄树民：《林村的故事》，素兰、纳日碧力戈译，北京：生活·读书·新知三联书店 2002 年版。

[3] [美] 康奈尔：《男性气质》，柳莉译，北京：社会科学文献出版社 2003 年版。

甚至左右地方社会的发展和命运，但对小人物的生活历史的研究同样也可以折射出大历史的变迁以及社会对百姓的影响，历史在不经意间给每个人身上都刻上了深深印痕。本书也以方婶的生命史形式书写，但主要是以 20 世纪 90 年代（尤其是新世纪）之后的生活为主线，以家庭移民历史为背景，围绕方婶的生活展开叙事，说明时代变迁和生活变故对她生活的影响，从而折射出"小人物大历史"的意象。因而从以上分析来看，本书注意把社会史和生命史相结合，深入挖掘作为教徒和村民的方婶的生活世界。

三、研究重点、难点

叙事作为质性研究的一种方法，是将自身的体验转化为在时间上具有意义的情节片段的一种基本方式。叙事将事件串联起来，从而使事件根据自己的时间位置和在整个故事中的作用而获得意义。[1] 应星认为由于中国社会体制运作的变通性、中国社会转型实践的过程性、中国社会日常生活的模糊性而使得叙事在中国社会研究中占有重要位置。[2] 刘中一根据乡村研究的实践认为，在乡村研究中，人类学叙事对于一些隐私性比较强的乡村生活题材或私人生活领域来说，可能是寻找、挖掘、把握"社会事实"的最佳方法之一；还可以将"过程"因素引入故事或事件分析，把故事或事件作为一个过程来描述和理解；有利于把乡村社会生活当中的有价值的结构片断和细节串缀成有现实意义的一个故事或者事件，从而通过这些具有意义的片断和细节的描述，来揭示隐藏在这些片断和细节背后的意义；通过与乡村故事或事件过程相关的活动，把社区结构、分化、发展带入更广泛的社会背景中考察。[3] 虽然叙事有很多好处，但同时也存在叙事者的主观性以及问题感、复杂性和技巧性等问题。而笔者在本书中以方婶为个案研究东北乡村基督教与亲属制度之间的关系，叙事则成为笔者主要的写作方式，为了把叙事和问题、叙事与理论、方法结合起来，每章后面都做个小结，以突出问题感和叙事的结合。本书叙事的另外一个难题就是围绕主题如何统合各个事件，虽然拉拉屯在村民眼里一直都是"无事件境"，但无时无刻都在上演一幕幕"乡村爱情故事"，

---

[1] 成伯清：《叙事与社会学》，北京：中国社会学会 2005 年年会论文。

[2] 应星：《略论叙事在中国社会研究中的运用及其限制》，载《江苏行政学院学报》2006 第 3 期。

[3] 刘中一：《人类学叙事与乡村社会研究研究》，载《黑龙江民族丛刊》2007 第 2 期。

观察到一些有趣的故事，最后整理时如何挖掘背后的意义、如何取舍则是笔者在叙事上真正面对的难题。

四、研究框架

国家与社会源于政治经济学的"国家—社会"模式被用来建构近代的市民社会的"公共领域"，使得这一框架的使用在西方社会学界具有相当特殊的历史时效与阶段内涵。[1] 而当中国学界引入这个模式主要用于分析中国问题时，暗含着对西方理论模式的反抗，同时也得与传统学术传统即"自下而上"与"自上而下"区分。而目前对于这个框架的理解并不是限于这种二元对立关系，而是应该去寻找导致分化和整合的原动力，并分析这种原动力的复杂性。[2] 人类学关心与"地方史"研究取向，国家与民间社会的关系因时间（历史）、空间、对象、概念等多维度的差异而时常呈现出错综复杂的面相。[3] 弗里德曼、施坚雅（G.William Skinner）首先超越村庄，在国家和社会的视角下提出了汉学人类学的"宗族"范式和"市场圈"理论，虽然二人研究问题不同，答案也不同，但他们对中国人类学研究重要的影响在于他们指出中国的国家和社会是并存状态。[4] 本书中乡村基督教作为一个"在野"的宗教与"三自"这样的国家代表形成鲜明对照，而乡村基督徒活动于其间，使得乡村基督教的生活既隐晦又鲜活；另一个方面，方婶等基督徒作为一个村民处于社会的"底层"，而乡村干部甚至是更上级领导则是国家的代表，虽然当代农民逐渐从土地的束缚中解脱出来，但作为普通的村民时刻感受到国家的存在。因而身负双重身份的方婶生活在"国家—社会"框架的世界里。

---

　　[1]　杨念群主编：《空间 记忆 社会转型》，上海：上海人民出版社 2001 年版。

　　[2]　赵士瑜：《小历史与大历史》，北京：生活·读书·新知三联书店 2006 年版。

　　[3]　杨念群主编：《空间 记忆 社会转型》，上海：上海人民出版社 2001 年版。

　　[4]　王铭铭：《社会人类学与中国研究》，桂林：广西师范大学出版社 2005 年版。

图 1-1 克山县地图

注：图中黑色的椭圆就是笔者的调查地——拉拉屯。

第二章 拉拉屯——乌裕尔河右岸

冰雪早已覆盖我们足迹

远方的炊烟摇曳温暖的召唤

风儿无法吹断我回望的视线

家园好像永远征途漫漫……

——电视剧《闯关东》结尾曲歌词

火车疾驰在东北平原上，绿油油的庄稼在广袤的黑土地上高低交错，一排排防护林站在路边，守护着祖国的粮仓。克山就是坐落在齐齐哈尔与北安之间、二克山的西部的一座东北小城。

克山县城最早称为"察霍勒"，蒙语意为"水鹨鸟"，清末民初称为"三站"。1915 年设治；1929 年克东、德都分别设治，克山重划 5 个行政区；1933 年（伪康德五年）实行保甲制度，县城为克山街公所驻地；1945 年 8 月 15 日东北光复，11 月 21 日成立克山县民主政权，克山镇为其驻地；1980 年改称"克山镇人民政府"；1985 年被列为齐齐哈尔市辖县。

克山县位于黑龙江省的西部，齐齐哈尔市的东北方。2005 年全县行政区划 6 个镇，9 个乡，122 个村，有 9 个县属农、林、牧、渔场，1 个省国营农场，5 个驻军农场。全县有 146 701 户，476 559 人，男女比例为 105：100，人口自然增长率为 6.09%，平均每平方公里（1 平方公里＝1 平方千米）150 人，其中农业人口 368 225 人，非农业人口 108 334 人。有 19 个民族，汉族占人口的 98%，满、蒙、朝鲜、达斡尔、鄂伦春等民族占 2%。

克山县地形总体趋势多宽长坳谷，丘陵起伏，切割剧烈，沟壑纵横，西南部偏低，南北各为乌裕尔河及讷漠尔河条阶地河漫滩。克山县总面积 3 186.24 平方公里，丘陵地占 80%，平原地占 14%，洼地占 6%；境内平均海拔高度 236.9 米，最高点 381.7 米、最低点 198.7 米。属寒温带大陆性季风性气候，四季分明，寒暑明显，全年有 5 个月的平均气温在 0℃ 以下，日均气温稳定在 10℃ 以上的日数为 133 天，年平均气温 1.4℃；平均无霜期 121 天，平均年日照为 2 703.2 小时，平均积温 2 410.9℃；年平均风速 3.1 米 / 秒，盛行西北风。常有大风、干旱、冰雹与早霜等灾害天气。

克山县被誉为"黑土明珠"，黑土是克山县的主要土壤，这种肥沃的土壤造就了克山这个农业县城。2005 年全县土地总面积为 4 779 329.8 亩（1 亩 ≈ 333 平方米），粮食作物主要是大豆（当地人称为"黄豆"）和马铃薯（当地人称为"土豆"）出名，黑龙江省农科院小麦研究所和马铃薯研究所设在克山县。2005 年大豆、马铃薯分别占总播种面积的 67.46% 和 12.01%，马铃薯曾经上了中央电视台二套的扶贫广告，一时间"克山土豆"响彻各地。经济作物主要是亚麻和甜菜，但由于 2003 年县亚麻厂已经处于停产状态，现在鲜有种植；甜菜主要是供应邻县糖厂，种植甜菜基本上都由政府支持。最近几年受到旱地水稻技术的影响，在临近水源的农村也开始种植水稻，但面积不是很大。县城内到处都有种子化肥公司，可见农业在克山县经济中的地位。但克山主要粮食产区都集中在北部地区，克山农场就坐落在这块沃野上。随着农业机械的推广，2005 年全县机播面积占总播种面积 94%，中耕面积占 99% 以上，机械收割面积达 45%。除了作物，畜牧业也成为当地农村另一个重要产业，在政府的鼓励下，全县大牲畜存栏达 138 555 头（匹），奶牛养殖曾经在克山辉煌一时，最多时高达 7 328 头，但后来受到乳品行业整顿的影响，县乳品厂处于半停产状态，牛奶都落入个人的垄断中，拖欠奶款、压低价格，并且近几年开荒加快，使得牧场数量逐年减少，一些农户纷纷转向别的行业，受到近几年猪肉价格上涨的影响，个别人开始投资从事养猪行业，全县生猪存栏 265 211 头，在农村一些家庭养猪主要是为了过年吃肉，或者贴补一点家用。2005 年，克山县农村人均收入仅有 3 095 元，远远低于附近县城的水平。截至 2005 年克山县国有预算企业仅有齐齐哈尔英雄啤酒有限公司一家，其他都出售或破产了，因而县城在工业方面主要依靠非国有企业支持，因而县城人民收入主要依靠个体经济，该地城镇居民人均可支配收入为 5 858 元，因而当地楼房价格虽然曾经一度为 2 450 元 / 平方米，但购买者仍然寥寥无几，且购买者也是那些政府工作人员或私营老板，因为当地每年楼房集中供暖费为 31 元 / 平方米，对于一个普通家庭来说是难以承受的，而政府工作人员的取暖费有政府财政补贴，并且他们的收入稳定。

克山县城呈现整齐的十字分布，沿着十字街向东西南北各延伸两个街道，当地人习惯称为二道街和三道街。主要的商业区都集中在十字街附近，2005 年在南二道街新开发一个步行街，虽然有一些专卖店和电器商场，但繁华程度还是比不上十字街。2005 年全县社会商品零售总额达到 66 555 万元，比 1986 年增加了 43 123 万元。地方收入 4 390 万元，上划收入 3 609 万元。克山县 2005 年有中小学 187 所，2 所高中都分布在县城区内，一个高等教育院校——克山县师范专科学校，但于 2004 年迁往齐齐哈尔市，现在校址是县政府二号院。克山县城原本 6 所中学，但由于生源减少，目前只有 5 所，一中和三中为高中，其他每个乡镇都有 1 所初中学校；县城小学的数量由原来的 8 所减少到 5 所；在 20 世纪 90 年代时期农村是每个村庄 1 所小学，但现在主要集中在人口多的村庄甚至是乡镇所在地，并且各个学校的学生数量明显减少，一方面学生都挤向升学率高的学校，另一方面外地的学校每年拿出很多优惠措施来克山县抢夺生源，因而出现了农村学生向县城、县城学生向大城市迁移的趋势。此外，学生教育费用节节攀升，县城小学生至少要报一个辅导班，而农村学生从幼儿园开始都要专车接送，由于近几年大学生就业难，使得一些家长和学生认为考上大学也一样找不到工作，因而许多学生初中毕业甚至没毕业就纷纷出外打工，并且一些打工者由于掌握一门手艺，其收入并不比大学生上班族少，众多的因素使得克山县的文化教育相比东北其他地区明显落后，尤其是在农村，很多孩子没等初中毕业就加入打工者的队伍。而当地人，一方面表现出对上学的漠视，即尽早让孩子参加工作承担起赚钱养家的担子；同时也羡慕那些通过上大学而改变自己身份的人，一些家长总是把那些上大学且取得成功的人作为榜样来教育自己的孩子。由于医疗水平的提高，"克山病"得到完全控制，县城建立县、乡镇、村三级卫生服务和医疗救助体系。计划生育率控制在 95.65%，人口自然增长率控制在 6.09%。

2005 年克山县国内生产总值 237 719 万元，其中第一产业生产总值 118 750 万元，第二产业生产总值为 53 447 万元，第三产业生产总值为 55 522 万元。城镇可支配收入由1986年的645元增加到5 858元，农民人均收入由1986年的468元增加到3 095元；城镇住房面积由1986年的10.2平方米增加到17.24平方米，农村居民住房面积由1986年的10.2平方米增加到17.88平方米；储蓄存款余额为467 903万元，比1986年增长约20倍。从整体上来看，克山县各个方面提高很大，但相比较邻县乃至其他地区，克山还是相对落后的，没有强大的工业企业支持尤其是没有引资，而邻县分别引进了飞鹤、伊利、三精等国内知名企业，这使得克山县明显落后于其他地区，仅依靠农业收入，使得克山县民众生活处于中低水平。

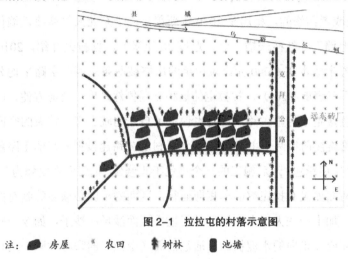

图2-1 拉拉屯的村落示意图

注：▇ 房屋　✦ 农田　✦ 树林　▮ 池塘

第一节　拉拉屯概述

穿过克山县城熙攘的街道，沿着十字街往南，经过城南的乌裕尔河，第一个村庄就是拉拉屯，就是笔者的田野点——拉拉屯 (lá lá tún)。一般情况下，坐县小巴大概半小时就可达到。

拉拉屯位于克山县城南2公里处，行政上属于克山县 SH 乡联心大队。村四周被防护林包围着。村北1公里处自西向东流淌着乌裕尔河，乌裕尔河和村之间除了农田便是滩涂，滩涂上也有一处坟地；村东紧邻克拜公路，村南1.5公里处是联心村，再南0.5公里就是碾北公路；村西是农田，这也是村里最肥沃的土地，农田的西面靠近另一个乡镇的地方有很大一块草甸，以前村民在这打草，用于盖房子或喂养家畜，现在人们基本上都在此处开采河沙。

拉拉屯是一个自然村，其行政分为两个小队（即联心三组和二组，以前也成为合心二队和三队）。20世纪80年代前，该村分布在克拜公路两旁，稀稀拉拉地延续着近1公里，因而附近人称该村为拉拉屯。2004年前拉拉屯属于合心大队，后因新农村建设，合心并入联心，改隶属于联心大队。

拉拉屯全村的分布呈现长方形，几乎所有村民的房子都是独立的，除非是兄弟关系的房子才是"连脊"的。拉拉屯共有房子146间[1]（座），其中有草房32间，14间空置，砖瓦房112间，两层楼房2座；草房都是1985年前盖，砖瓦房主要是1985年之后盖或者翻修的，楼房是2010年新盖，由于东北天气寒冷，墙体要用"一臂半或三七墙"（红砖一横一竖，厚度36厘米）。据村民介绍，2010年盖新房大略每平方米成本在1000元。拉拉屯的房屋被两条东西向主路平均分开排列成前、中、后三趟街（gāi），拉拉屯的这种布局俨然是出于交通方便，因为无论谁家都可以直接走上村里主路，并且也保证了自家的院子有足够大的空间。南北走向有两条路连接前后两个主路，2008年村村通公路建设把原来的土路翻修为水泥路，建设时层层承包，最后施工的一个小包工头修建，把路面宽仅修为3米，收秋时节，路的两面如果有拉庄稼的车相向而行，这面的车就必须要等到对面的车通过才能上路，加上一些大型卡玛斯经过村里去西面沙场拉沙子，如今一些路面已经下陷。西面南北走向的水泥板路，通往前面（南面）的联心大队一组直至碾北公路。

第二节　拉拉屯的居民

据2010年第六次全国人口普查[2]数据显示，拉拉屯在籍有231户，737人，其中有21位嫁入本村未迁户口的女性，还有33位嫁到外村未迁户口的女性，另有5个在籍男子去妻子所在村居住，其后代也同样未入拉拉屯户籍。这些户口没有迁移主要是与当前农村土地改革有直接相关，因为克山县农村土地自1985年联产承包到户后，政府承诺30年不变，15年微调，因而在拉拉屯对于土地变迁未能做出及时的调整，即生不添死不去。目前，由于很多人外出打工，拉拉屯常

---

[1]　这里说的"间"不是指十几平方米就算一间，一套房子的独立房间，而在当地村民中对"间"有两种意思：一是一村民家住的房子；另一个是房子中间的一个隔断房间。

[2]　2010年笔者与人口普查员陈M一起逐个对拉拉屯居民进行统计。

住该村有 125 户，409 人，全为汉族；另有非本村籍 5 户，15 人，合计拉拉屯现有常住 130 户，424 人。[1]130 户家庭中，24 户是主干家庭，这其中还有 17 户只有一个老人，111 户核心家庭中有 14 户是空巢家庭，还有 4 个老人自己单独生活，该村没有出现"轮值家庭"[2]，按在籍人口年龄具体分布如下：

表 2-1　拉拉屯结婚年龄表

年龄	20 岁以下	20—40 岁	41—60 岁	60 岁以上	比例
男	85	128	152	32	54%
女	65	122	130	25	46%
合计	148	250	282	57	100%

拉拉屯现有姓氏 36 个，53 个支系。[3]在东北农村里，支系也称为"股"，旧时的大家庭"男女老幼伙居，少者十余口，多至百口者，分为大小股。吃饭则由大股供给，穿衣由小股自给，因此家庭中时有争吵情形……男则工作在外，女则分班煮饭或织布、纺线等。男女老幼多在一室同居，分由南北炕，长者多居南炕，晚辈多住北炕，食饭则各在各抗，取食则争先恐后，既无秩序又省尊让"[4]。而今乡村基本上不见联合家庭，但村民还是习惯称呼谁和谁是一支的。拉拉屯的 1 个支系最多有 18 户，最少的支系只有 1 户。具体分布如下：

表 2-2　拉拉屯支系与户数分布

姓氏	艾	曹	陈	程	单	杜	方	高	韩	姜	赖	李	梁	吕	罗	庞	裴	沈
户数	3	1	2	9	3	5	9	2	2	9	1	13	9	2	3	1	1	1
支系	1	1	1	2	1	1	2	1	2	1	1	4	2	1	1	1	1	1

姓氏	苏	田	温	吴	徐	闫	杨	于	赵	郑	周	朱	刘	任	王	张	曲	石
户数	1	5	2	1	6	8	1	9	2	7	4	9	37	18	11	18	6	2
支系	1	1	1	1	1	1	1	1	1	2	1	2	4	1	4	3	2	1

1945 年克山县开始土地改革，1946 年底拉拉屯基本上完成，农民拥有自己的土地，成为新中国的主人，但新政权同时也使得村民处于新的科层体系中，一

---

[1]　有的农户，家里一个人出外打工，留守几个人，这个数据把这样的农户算为常住家庭，人口按实际上是否常住本村来计算。

[2]　主要是指年老的父母轮流由儿子供养或到儿子家吃饭。参见庄孔韶：《银翅》，北京：生活·读书·新知三联书店 2000 年版。

[3]　支系主要指在村民的记忆里可以找到共同祖先的一群人。不包括 5 户非本村家庭。

[4]　冯致仁：《伊通县乡土志》，伪满康德四年（1937）。

些村民手中掌握着国家资源，因而在乡村社会中处于领导地位，而由于出身及历史问题导致一些人从领导跌落到农村的底层。但"文化大革命"之后，东北汉人社会对这种由于出身和历史问题造成的身份标记已经淡忘。根据户籍以及获取官方分配体制中资源与机会的能力，拉拉屯的村民主要分为村干部、五保户、非农户、农户四类群体。

村干部自集体化时代一直处于乡村社会的顶层，他们手里掌握着国家资源再分配的权力。在集体化时代，村民都积极地和村干部缔结亲密关系，这样可以从土地以及分配上得到好处，但2004年的农村税费改革使得村干部失去了很多特权，尤其是村的税费和提留上，村民对国家的义务基本上都没有。现在拉拉屯里，村干部唯一可以支配的就是村里的"机动地"，每年承包的时候，很多人为了争取承包权，都会积极给村干部送礼，并且承包后每到年节还要给村干部拜年。此外，村和上级政府的各种往来都是通过村干部来传达，一些好处比如申报困难户、上级补贴等，都是村干部私下申报，村里人很多都是事后才知道。2004年政府把农村财政收归乡政府管理，但规定每年要给村干部7 000多元的工资。虽然村干部手里的资源在减少，但在国家分配体系中依旧掌握着一定的资源，因而每届选举村干部时，有能力的人都会积极活动起来，打通上下关系，希望挤入村干部行列，从而在乡村社会占据特权位置。

五保户主要指那些在战争年代为了保家卫国而牺牲或伤残的退伍军人及家属，也包括一些"文化大革命"时期下放到农村的工人。这类人都是农村户口，有土地耕种，但他们享受着每年政府发放的补贴。他们手里虽然没有村干部那些特权，但他们有着足够的文化资本，可以和政府讨价还价，为自己争取利益。以村民张YC为例，他参加过抗美援朝，复员后曾是村里的会计，现在每年政府发给他1 200元的补助，七一时还会发些纪念品。单奶奶是"文化大革命"时期从合肥来到拉拉屯的，刚到拉拉屯单奶奶就享受每个月8元的菜金钱，而今单奶奶每年得到1 260元的政府补助。除了以上，拉拉屯还有2个乡村医生，是农村户口且有自己的土地。由于农村社保的推广，2个医生承担拉拉屯和附近村民简单的医疗救助，并且成为乡村连接县城医院的重要中介，村民去县医院看病、住院习惯上都经过他们的介绍，并且政府时常给他们一些补助和出外培训的机会，因而乡村医生也在享受政府福利的范围内。

非农户是指居住在拉拉屯但户籍是城镇户口，每月拿工资的那部分人。村里为了照顾这部分人，每人给2—4亩的自留地种些蔬菜，拉拉屯中的非农户主要是3名乡村教师。拉拉屯村西有个小学校，但由于村上学儿童的减少、外出打工以及去县城就学等因素，使得村里目前只有1—3年级，每个班只有十几个人，据说不久就直接搬到乡镇府的小学去。虽然这几个老师面临着提前退休或去乡政府上班的可能，但他们在村民眼中，依旧是捧着"铁饭碗"、"吃皇粮"的。他们的配偶都是农村户口，享受村里的各种政策。

农户是指户籍是农村的，生活在拉拉屯的那部分人。但目前由于城镇化的推动，使得这部分分为两类：一是主要从事农业生产的农户；二是从事非农户生产的农户。虽然现在很少有人只依靠耕种土地为生，但拉拉屯里那些主要从事农业生产的人一般都是比较落后的村民，而一些从事非农业生产的农户则成为带头致富的富裕户。当然在市场经济的今天，一些富裕户在村里的地位会相对高些，受到人们的尊敬。而那些困难户只能依靠土地过生活，时常会受到村民的奚落，但有的时候，这些困难户也会利用自己生活困难这种资本向政府讨要一些相关的福利，但这种讨要多是年纪大的人所为。

拉拉屯的四种人群同时也形成了城—乡、干部—农民、政府的—农村的三种关系，城乡关系是基于户籍制度划分的。同时由于户籍制度使得一部分享受政府的福利，比如"低保"，城镇户口的居民很容易享受低保，而农村的低保额有限，很多人只能"找关系"，并且克山县城镇居民的低保最少为每人每月150元，而农村仅为60元，在名额的限制下拉拉屯的一部分人被排挤出"低保"的范围；干部农民的划分主要是指在国家分配体制中的位置，到底哪些人享受特权；最后一个关系，主要是基于从自身的位置来看，到底是靠哪个方面近，从而决定其在乡村社会中是什么样的地位，靠近政府的村干部和五保户凭借自己手里的资本得到政府的照顾。阎云翔从下岬村的事例说明：改革以前的社会生活很难说带有"平均主义"的特征。村子里的等级化状况，在集体制下与解放前相比较，并未减轻。甚至可以更进一步说，正是由于有了农村改革，曾经畅行于该村的社会主义等级制度才终于被打破，使潜在的不平等减少了。[1]

---

[1] 阎云翔：《改革对一个中国乡村经济和社会层次结构的影响》，http://www.sociologyol.org/yanjiubankuai/tuijianyuedu/tuijianyueduliebiao/2008-09-15/6106.html。

第三节　拉拉屯的生计

克山县作为一个农业县，农业是该县的支柱产业，土地则是主要的生产资料。而拉拉屯是一个农业村庄，因而本节围绕土地以及和土地制度的变迁来说明拉拉屯村民生计方式的变化，以及这种变化对村民生活的影响。土地制度主要是指土地所有权和土地使用权的变化，1948 年东北率先实行土地革命，使得每个农民手里都有了土地，实现了"耕者有其田"的理想；1985 年拉拉屯完成了家庭联产承包责任制，农民可以自己支配土地和生产，因而，本书以 1948 年和 1985 年为界限把村庄历史分为三阶段，从这三段来把握村庄的发展史、村民的社会生活史。

据村里老人回忆：土地改革前，拉拉屯主要有两个地主——任 FQ 和董 D，任家八口人，有长工七八个，马骡子 10 匹，土地近 170 亩，董家六口人，3 个长工，马 4 匹，土地 120 亩；还有 4 户中农，主要占有土地在 80 亩左右。剩下的村民每家都有 10—20 亩的土地，之后再租十几亩就完全能过生活了。村民的土地几乎都是来到拉拉屯后的开荒地。当时租种土地主要采取定租制，每垧（10 亩）交租粮 1 石 4 斗（1 石 =75 千克，1 石 =10 斗）—1 石 7 斗，拉拉屯的这种定租制并不是一成不变的，也会根据收成的好坏调整。地主家都会雇佣长工，当地人称"扛大活"，工作时间一般从农历正月十六至十月十六；月工或短工又分春秋季，日工则是临时雇佣。工钱一般采用以地代工的形式，也有长工的"劳金"，一般工钱是 2—5 石粮食。这里无论是地主还是农民都要下地干活，只不过地主家会雇佣劳工以及拥有更多的牲畜作为辅助。在农忙时节村民也会短期受雇于任家和董家，秋后一般都是以粮食或抵地租的形式支付。拉拉屯并没有出现"南霸天"和"黄世仁"这样的土豪劣绅，相反的，地主和农民之间形成"互助式"的合作关系，一些逃荒的，刚来到拉拉屯，会先住地主家的闲置房，地主也能借给他们一些粮食，并让他们优先租种土地等。虽也存在一些高利贷，但很少有"驴打滚"即利上加利。任和董两位地主在当时和现在村民记忆里都是很不错的人，梁大爷说：

> 任 FQ 可是一个好人，我们村里的人都受过他的救济，刚来的从他家
> 借吃的、借住的，他还借给我们种子；有一年这里发大水，粮食几乎绝产了，
> 是他把自己家的粮食借给大家才勉强度过那个灾年；1930 年左右，这边

闹"胡子"（土匪），任 FQ 还曾代表村民去谈判，并且成功保护了村子的安全。

　　董家原本也是种地的，后来地多了才逐渐富裕了。董 D 读过几年书，算是当地最有知识的人了，在伪满时期，他代表村民和日本鬼子谈判，才使得那些垦荒团没占太多的土地，那几年虽然外面整天打仗，但我们这里照样种地，甚至我当时还去修铁路赚些钱补贴生活。后来的董家孩子很多都出息了，去城市工作，因而后来都搬走了。和现在比，当时的生活那叫个苦，每年到头都吃不到猪肉，每年，两个东家都杀头猪，东家根据你干活好坏、人口多少，给长工们和村民发点，回家我们包顿猪肉酸菜馅饺子吃。[1]

1945 年 11 月克山县人民政权成立，1946 年开始实施减租减息的政策，1948 年全面展开土地改革。上级派来了工作组，根据革命形式的需要，SH 乡每个村至少有一个地主，直接按照土地的多少划分，而董家由于在日伪期间与伪满政府走动频繁，也被列为地主。因而，拉拉屯的任 FQ 和董 D 被划分为地主，其他 5 户被划为中农，把家产和土地平均分到村民手里。本来按照上级指示，要抓一个地主作典型送到县城参加全县的斗地主、诉苦大会，但经过杨村长的斡旋，最后只是把任 FQ 象征性地绑在村头杆子上，大家在下面喊几句口号就草草结束了。

　　正如黄树民所言：（土地改革使得）地主和富农变得一无所有，再也抬不起头，而以前做佃农、做长工的人，现在变成荣誉公民。[2] 梁大爷回忆说：

　　　我们当时拿到一些犁杖和锄，但有些椅子真的没用，干脆有的又给送回去了，还有一些把椅子背锯掉直接当凳子用。牲口由于少，就几家分一头。老任家由于人口多，也留下一匹马，不过他们家由于人口多，逐渐分家，家道就这样败了。

　　开始分田地的时候，一些家里人口少又是刚迁来的家庭不敢拿这些东西，甚至有几户还给送回去了，后来在别人的带动下以及土地改革干部的劝说下，勉强收下这些。

---

[1]　2010 年 7 月 25 日梁大爷家访谈。

[2]　黄树民：《林村的故事》，素兰、纳日碧力戈译，北京：生活·读书·新知三联书店 2002 年版，第 36 页。

1958 年"大跃进",成立了 SH 公社,拉拉屯属于合心大队的第一、二小队,两个小队办了两个食堂,家家都去吃食堂,不到一年就黄了。这个时候的集体化运动,在拉拉屯村民的记忆里习惯称为"大帮哄"[1],虽然食堂只吃了几个月,但每天都是听生产队的钟声,才拿起锄头去地里干活,很多人都是混日子,人们习惯说是"出工不出力;干好干坏一个样;干多干少一个样。"刘 C 说:

> "大帮哄"之后和,中国"老毛子"(苏联)断交,队里把余粮都收上去还债,加上随后三年收获不景气,导致全村家家都没粮食吃。当时那个惨,麦麸子、豆饼以往喂牲口的,都拿来吃,这个不算,连树叶、草根都挖出来吃,家家天天喝稀的,脸都变绿了。
>
> 好在当时生产队还能打下一些粮食,很多(人)半夜都去偷庄稼,放在家里,掺点野菜和草根勉强度过那三年。一些妇女甚至组织起来,趁麦子没割,撸一些麦穗回家一点点去壳。
>
> 那个时候队上也来人到各家搜,看看哪家偷粮食,但基本上都是走过场,看到也当作没看到。终于勉强把这三年熬过去了。[2]

"文化大革命"期间,张 ZC 是村里会计,他是转业军人,积极响应号召,在一次大会上把任 G 的胳膊拧断,事后村民都说张 ZC 就会溜须拍马,其实大家根本没有批斗谁的意思,过了这么多年谁还记得那个年头的事,何况任家对村民都不薄。当时单 ZJ 已经从合肥下放到拉拉屯任队长,张 ZC 在一次大会上说:单 ZJ 是逃兵,是受处分来到拉拉屯的。但由于没有真凭实据,后来单 ZJ 依然是队长,直到 1992 年才退下来。现在单奶奶见到张 ZC 都不说话,就是因为当时结的仇。事后有的村民回忆起来还说:这就是张 ZC 想出风头、当官。后来很多人对张 ZC 的做法都无法忍受,最后有几胆子大的就去举报,张 ZC 和当时民兵连长的老婆有生活作风问题,这也就成为张 ZC 仕途发展的污点,没有升迁的机会了。在这场疾风骤雨的革命中,拉拉屯的生产和生活出现了扭曲,但很快就回到的轨道之上。而村民对风雨似乎没有了什么记忆,即使问起,也最多说那个时候的大会以

---

[1] 在"文化大革命"期间实行农业合作化的时候,村民根据村里敲钟响起就出工干活,呼呼啦啦一帮人,一起下地。才称这个时候为"大帮哄"。

[2] 2010 年 1 月 25 日许 ZB 家访谈。

及挨饿，至于那个时候的冤仇早已随着乌裕尔河水流向远方。

1983 年克山县全县推行家庭联产承包责任制，1985 年拉拉屯完成土地承包到户，由于是两个小队，西边的三队分到的地主要在村西肥沃的土地（一等地），每人 4.5 亩；二队分到的土地是村北和村东的二等地，每人 6 亩。开始时，在村的组织和自愿的基础上大家也组成了互助组，但没过两年由于各种原因而分开。1990 年以后，村民陆续开始搞起副业，从运输到打工，拉拉屯也和时代一起前进，只不过村里有些人家只专注于种地，没有任何"想法"的人家逐渐被那些头脑"活泛"的人家所抛弃，成为拉拉屯的困难户。而那些头脑精明的、交际圈广的人家逐渐突出，成为"专业户"、"万元户"。

拉拉屯是典型的东北农业村庄，清末明国初年主要种植粮食作物，并且由于很多村民祖籍都是山东河南等地，因而以小麦、高粱、谷子等糊口作物为主；到日伪时期大豆逐渐取代小麦上升为首选作物。随着家庭联产承包责任制的实行，农民也根据各自的地质条件有选择地种植作物，其中小麦和谷子已经看不到了，都是黄豆、玉米等高产的经济作物，当地人的粮食主要从山东或其他地区购买。少量农民在政府号召下，种植亚麻、甜菜来补给当地工厂的需要。由于拉拉屯的北部耕地都是滩涂，近年有些人试验改良种植水稻，但都没有成功。

拉拉屯的农业耕作方法：1985 年前主要采取的是轮作法，当地人叫"调茬"，即这块地今年种黄豆，至少再隔一年才能种黄豆，其间主要种玉米、小麦等。1985 年实行家庭联产承包责任制之后，拉拉屯村民主要是种植黄豆和玉米，并且由于黄豆价格稳中有升，这里有很多低洼地，因而拉拉屯很多人家也采用连作法，只是在第二年播种之前施些管"重茬"的化肥。

拉拉屯由于在乌裕尔河南岸 1 公里处，以村子为界限，以北的土地都是二等地，如果雨水多则大都是涝洼地，最好的土地在村西以及村南。笔者列以下数据，以说明不同时期，拉拉屯普通贫农的生存状况。

1934 年，拉拉屯地主占有土地 168 亩，中农 63 亩，农民一般 10 亩，佃农只有 2 亩左右的开荒地。租种土地 5 垧（50 亩）、每垧租子 1 石 5 斗、平均亩产 60 千克。

1985 年，拉拉屯人均土地 6 亩，交公粮 25 千克 / 亩，乡村提留 70 元 / 亩，孩子教育费每年 90 元，粮价为 1 元 / 亩补助。

2004 年国家实行"两补一贴"，2009 年每亩地国家补助约 50 元。承包土地 160 元 / 亩，孩子教育支出每年 3 000 元[1]，粮价为 2 元 / 亩。

表 2-4　拉拉屯粮食产量

年份	耕种土地（亩）	亩产（千克）	上缴（千克 / 亩）	总成本（千克）	净余（千克）
1934 年	30	60	37.5	750	150
1985 年	24	105	60	790	290
2009 年	64	140	1600	3600	3970

虽然看到数据[2]有很大的提高，但是如果与当年的物价水平相比较的话，1985 年粮价一般 1 元 / 斤（1 斤 =500 克），但有两个孩子上学每年也要近 90 元，还有四口人的衣服以及日常的开销，所剩无几。2009 年粮价不到 2 元 / 斤，由于该村学校搬到乡政府所在地，因而两个孩子上学要坐车、中午在乡政府吃，一年要近 6 000 元，近年来人情费用上升很快，村民每家每年都要 2 000 元，因而仔细计算下来，用当地人一句话就是"辛辛苦苦干了一年仅够全家人的年吃年用"。调查期间让笔者感触很深的就是：很多农民都说"干啥别做种地，当啥别当农民"。

拉拉屯的大部分村民都从事农业，但也有部分家庭专业从事开采河沙（5 家）、贩运河沙（13 家 18 台车）、出租车（7 台）、养奶牛（5 户），还有一些农户由于目前土地机械化以及洒药不用太多的铲蹚作业，男人会在附近砖厂干活，五个月有七八千的收入，并且很多家庭夏天都是靠这部分收入贴补家用。从目前的形势来看，这些副业的收入已经超过农业收入成为家庭的主要收入来源，拉拉屯村民的收入正如黄宗智所言：中国农业革命其主要劳动力其实来自农业外，不是传统的农业现代化中的科学选种与化肥，更不是机械化，而是非农部门的发展以及收入上升，导致人民食品需求转型，特别是畜—禽—果消费的大规模上升，促使农业结构基本转化。这是个由消费变化所引起的农业革命。正因为如此，它更多地体现在产值上的变化，而不是传统模式中的那种产量上的变化。[3]

---

[1]　拉拉屯小学搬到乡镇府所在地，因而孩子们每天需车接送，中午不能回家吃饭，大概每天 10 元。

[2]　其中数据来自于县乡镇的统计，也有部分来自于作者的调查。

[3]　黄宗智：《中国农业的隐性革命》，载于黄宗智主编：《中国乡村研究》第八辑，福州：福建教育出版社 2010 年版，第 9 页。参见黄宗智：《中国农业的隐性革命》，北京：法律出版社 2010 年版。

表2-5　拉拉屯家庭收入（单位：元）

年份	1986 年	1992 年	1998 年	2005 年
人均收入	468	762	2 269	3 095
粮食收入	430	510	820	1 300
非农收入	38	152	1 429	1 795

乌裕尔河就在拉拉屯的北面，开采河沙在该村已经很有些历史了，据方叔介绍：

> 从我记事开始，村里就把河沙作为主要收入来源，为"分队"的时候，河沙开采主要由乡里决定，村里派人管理，当年我初中毕业就在开采河沙组做事，帮他们记账、买东西，那个时候可肥了，我们经常买猪肉吃，白面馒头管够，老刘头（组长）还天天喝酒，后来分队了，这些活就没人组织了，现在都是个人开采，只要和乡里、国土资源局有关系，投几万块钱就可以干起来了，年收入十万没一点问题。[1]

而今拉拉屯共有 5 户开采河沙：方 C、李 HW、王 HW、杜 XZ、曲 LC。据村民介绍，这些开采河砂的人家主要看你家有几条船，一般情况下，一只船每年八九万的纯收入是不成问题的。开采一立方米河沙大概成本在 9 元，而卖给贩运的要 20 元，但其中的人际费用很大，并且你要雇人、准备船只、钩机、找地皮等，甚至会存在危险，去年方 C 就在开采河沙时机器砸死一个工人，赔偿死者家属 12 万，这样一年都没什么利润了。拉拉屯目前有 14 户贩运河沙、18 辆卡玛斯，一辆车一年的收入大概 5 万多，方 Q 买车贩运河沙，干了四五年，2009 年盖了四间砖房，据方叔说造价大概要 12 万，都是贩运河沙赚的；河沙主要送到附近县城的建筑工地，一般都是秋后结账，这样就需要运输户要提前垫付沙款，有些工地拖欠沙款，因而有些养车户冬天休息的时候就往返邻县要账，许多养车户也是有苦说不出，2010 年冬天本来也可以给砖厂送沙子，但村里很多车都停在家里，他们认为账不好要，还不如不送。

养奶牛由于被石姓商人垄断收奶，导致很多人放弃养奶牛，现在拖欠奶资都半年了；出租车基本上都不赚钱，一是小县城出租车饱和，二是他们没有营运证，此外每天有收入基本上都花掉了，积蓄下来很难，尤其几个年轻的司机。结合上

---

[1]　2010 年 8 月 2 日在方 C 工地访谈。

面的数据，笔者发现：如今在村里的富裕户都不是以农业为主的，而是从副业中赚更多的，例如张 DG 养奶牛发家，90 年代末盖起四间砖房，而今由于收奶被垄断，老俩口种地，儿子家出外打工。据张 DG 说：

> S 本来一直在村里收奶，2008 年秋天，突然给我降价，说现在牛奶没人要了，把我们奶价压倒 0.7 元 / 斤，我们村和其他村里的奶户一起到县政府去，那天开着十几辆四轮车，可人家没让我们进县政府，说今天正好是新县长上任，让我们在家等消息，后来乡长派人把我们拦住，给我让到饭店吃了一顿，说肯定会给大家一个交代的，就这样这事不了了之。后来大家都灰心，陆续把奶牛都处理了，现在村里只有四五户，养奶牛累个要死，还不赚钱，不如出去打工，年底肯定能拿回万八千的。[1]

从拉拉屯农业和副业生产的发展状况来看，近代以来，妇女在家庭中一直都是主要的劳动力，甚至在家庭生产中处于主导地位。一些西方学者根据调查认为：妇女在南方农业中往往同男性并肩劳作，因而她们的地位偏高。[2] 而宝森（Laurel Bossen）在评价以往西方社会性别与中国区域农业时说：南北差异的简单之说认为，妇女对中国南方种稻区的农业做出了更大的贡献。这被用来表明南方妇女是更平等的伙伴，而北方妇女则是较无经济价值的受赡养者。而她在禄村调查后得出结论是：研究特定地区不断变化的农业活动史及棉布生产的特性，使我们能将社会性别理解为将家庭劳力分配到竞争性的经济活动中去的一种制度。[3] 而拉拉屯的农业生产在 1990 年之前作为家庭主要的经济来源，1990 年后男人多出去打工或在本地区从事非农劳动，因而出现"农业女性化"[4] 的趋势。

---

[1]　2010 年 1 月 5 日在许 ZB 家访谈。克山县有一乳品厂，但后来几经转手，很少在县城收鲜牛奶。2008 年由于三鹿牛奶事件，东北很多地方奶价下降，但一般还能维持在 0.9 元 / 斤。S 由于是回族，并且与双鹤乳品厂有关系，垄断克山县城南几个乡的牛奶收购，趁机压低价格。

[2]　参见 Watson Ruubie: " 'Girl' House and Working Women: Expression Culture in the Pearl River Delta，1900-1941", in *Women and Chinese Patriarchy*, ed. Maria Jaschpok and Suzame Miers, 25-44. Loton:HongKong University Press .

[3]　[加] 宝森：《中国妇女与农村发展》，胡玉坤译，南京：江苏人民出版社 2005 年版，第 398 页。

[4]　参见朱爱岚：《中国北方村落的社会性别与权力》，胡玉坤译，南京：江苏人民出版社 2006 年版；宝森、白馥兰：《技术与性别》，江湄、邓京力译，南京：江苏人民出版社 2006 年版。

当然，村里也有一部分人先富裕起来且不是依靠副业和农业，这就是村干部，正如阎云翔论述：村干部在集体制官僚体系中位于最高层，手中掌握着官僚体系再分配的权力，这种权力的特征就是对经济资源和社会流动的机会予以垄断。[1]虽然这部分人受到村民蔑视，但村民们还不敢得罪他们，自从 2004 年免农业税开始，有的村民敢不给村干部"留面子"，当面责难村干部，不用偷偷摸摸谈论了。

拉拉屯是在移民不断涌入下形成的东北乡村，其距离乡政府和县城距离几乎都在 1.5 公里距离，在 1990 年前，村民购买日常生活用品，主要是去乡政府，这里周三是集市。程 WY 说：

> "大帮哄"的时候，每次年底算完工分，发钱后我们那时几个"拜对拜"[2]的都会礼拜三一起走着去乡政府，把过年的东西早早大包小裹的买回来。

> 那个时候不敢去县城，当时俺们土，让城里人瞧不起，再则城里的东西也贵。去集上还可以卖点鸡蛋什么的，有时也可以顺便到公社办事。

> 现在很少有人赶集了，尤其是 50 岁以下的，他们更习惯去县城买东西，衣服鞋子都时髦，并且可以比较的也多。不过集上确实有些东西很便宜，城里卖东西的瞎要价。另外我去赶集也不光是买东西，有很多时候是为了缴纳电费和电话费什么的，专门去公社赶集太不值当了。

> 置办年货的时候，村民更多去县城，这样一次可以置办差不多了，东西很多就花 15 元打车回来，少的话就在南二道街等车，只要往南的客车都在拉拉屯停，车费 3 块钱，前年才 2 块呢。现在我们屯周一也有个小集市，就在西头，不过只有四五个卖货的，就是卖点青菜，日常家用的。你大娘（程的妻子）就常去那里买东西。[3]

拉拉屯虽然紧邻县城，但由于克山县位于黑龙江的西北，经济还不发达，依然是以农业为主的产业结构，农村里其他行业才刚刚展露，但受到现代化的冲击，

---

[1] 参见阎云翔：《改革对一个中国村庄的经济和社会层次结构的影响》，http://www.sociologyol.org/yanjiubankuai/tuijianyuedu/tuijianyueduliebiao/2008-09-15/6106.html。

[2] 年龄大小差不多的人互相的称呼。

[3] 2009 年 8 月 12 日在程家访谈资料。

人们的生计和生活发生了微妙的变化，如同乌裕尔河水一样，不断地拍打着两岸，慢慢改变这条小河的流向和未来。

小　结

"人类学家在研究文化时，一方面会努力遵循整体观原则并为实现整体观而努力，另一个方面则也意识到，最终的研究必须关注部分，这些部分为我们指向了更大的人类问题。"[1] 这一章我们从拉拉屯的自然环境、居民以及生计入手，了解拉拉屯的基本情况，拉拉屯以农业为主、兼有副业的东北村庄，村落内部没有一个强大的宗族体系，村民之间的分化主要是基于新政权下所形成的"不平等"，亲属之间互动更倾向于姻亲，东北妇女具有很高的家庭地位，并且受到外出务工潮的影响，使得一些妇女成为家庭日常活动的主要建构者和实践者。而作为一个村庄的民族志，第三章我们从社会史的角度说明：这样一个东北汉人村落具有怎样不同的亲属制度？为什么会有这样的亲属制度？这样的亲属制度对东北汉人社会产生怎么样的影响？以及在这样的亲属制度下村民之间是怎么样互动的？

---

[1]　[美]卢克·拉斯特:《人类学的邀请》，王媛、徐默译，北京：北京大学出版社2005年版，第60页。

第三章 无宗族的社会：拉拉屯的亲属制度

> 与烹饪、音乐和奇特的命名系统相比，亲属研究是枯燥且步履维艰的，
> 但对于一个人类学家来说，亲属研究是研究的核心部分。
>
> ——E. Leach：*Brain Twister*

第二章主要介绍了当代拉拉屯的概况包括拉拉屯的居民构成以及村民的生计方式等，本章我们从拉拉屯的历史切入，分析在国家、移民和地方社会共同作用下，东北汉人社会这个无宗族社会的产生过程，以及这种社会里的亲属制度的内容。

第一节 拉拉屯的历史

东北[1] 作为满族的"龙兴之地"，清朝历代皇帝都在东北给满族划了大片肥沃的土地，供满族生衍繁息。但由于东北边境时常发生侵扰事件，因而在顺治、康熙及雍正时期都鼓励移民到东北垦荒。为了维持满族人的生计，保持龙脉，乾隆至光绪年间一直奉行封禁政策，但由于灾荒和战争依然有很多难民从张家口、大连港登陆，偷偷潜入东北。1898 年清政府开禁，陆续持续近百年的历史，尤其战争和灾荒导致，移民数量不断增长，但黑龙江移民数量大幅度增加还是在 1920 年之后，日伪时期采取强制和欺骗等手段，也是导致移民数量缓慢上升的原因之一。可以说建国前很多移民都是为了生计，早期这些多是季节性移民，后期主要是举家移民，定居在东北。据研究东北移民史的学者认为：东北移民大部分来

---

[1] 东北在地理学上一般认为包括黑龙江、吉林、辽宁以及内蒙古东部地区，而现在人们习惯上认为只包括黑吉辽三省，本书如果没有特别声明就是三省的概念。

自于山东，其次是河北、河南、安徽等地。[1] 1904 年日俄战争后，日本获得了在东北的经营权，不断征缴各种徭役，人民生活更加困苦不堪。到 1911 年，东北人口约有 1 492 万，七成都生活在辽宁，这使得人地比例开始失衡，而黑龙江还有大片土地未开发。1911 年秋东北爆发了大规模的鼠疫，辽宁由于人口多，很多人为了逃避瘟疫，被迫北迁；另外，1914 年春，成立齐齐哈尔清丈兼招垦总局，陆续制定了《黑龙江省清丈规划》《黑龙江省放荒规划》《黑龙江省招垦规划》《黑龙江省移山东灾民赴江开垦章程》等，从 1916 年开始就不断有移民来垦荒。这些战争和灾害等原因最终导致了一部分移民回迁关内原籍，还有一部分人继续"北上"。据《克山县志》记载：1915 年，已经在克山县设治局；1929 年将克山县升为一等县，直到日军入侵前，克山县一直列为黑龙江省 15 个一等县之一；1932 年 6 月 7 日日军占领克山县，废除民国时的乡镇制度，恢复各乡、井名称；1937 年废除保甲制度，实行街村制度；1946 年人民政府改村、井为乡；直到 1985 年全县 5 镇 12 个乡；2005 年全县 6 个镇、9 个乡。拉拉屯也由原来的 SH 乡合并了 BH 乡，拉拉屯（合心）在行政上称为联心二组和三组。[2]

一、闯　关　东

笔者的主要访谈对象——方婶，其娘家姓徐，祖籍山东登州。清末山东闹饥荒，加上山东也是义和拳闹得最凶的地方，因而徐 LS（方婶的曾祖父）只身一人来"闯关东"，本来打算去奉天（今沈阳）讨生活，由于"闯关东"人太多最后到达辽宁法库，在一个地主家"扛活"，干了四年，其间回家两次，后在法库娶妻生子，也把山东的父母接来一起生活。后由于日俄战争，徐 LS 北上来到黑龙江双城堡，租种 20 亩土地，其间父母去世，生有两儿一女，后赶上 1911 年东北的鼠疫，最后只剩下小儿子徐 XF 及其母亲，最后娘俩北上至绥化，1924 年辗转逃难到克山县拉拉屯。当时的拉拉屯被称为"三马架子"，因为在当地人记忆里，拉拉屯最早有三户人家，即任家、董家和梁家。[3] 据史志记载：克山县附近的望奎、依安

---

[1]　参见李德滨、石方：《黑龙江移民概要》，哈尔滨：黑龙江人民出版社 1987 年版；马平安：《近代东北移民研究》，济南：齐鲁出版社 2009 年版；范立君：《近代关内移民与中国东北社会变迁（1860-1931）》，北京：人民出版社 2007 年版。

[2]　《克山县志》，北京：中国经济出版社 1985 年版；哈尔滨：黑龙江人民出版社 2005 年版。

[3]　根据梁大爷和方叔访谈整理而成。

的村屯"以井名者因放荒之始，划井区界限整齐，人民聚族而居，直云某字某井，无再立屯之必要，每井派井长一名管理，一井之事亦犹内地村长云"[1]。克山县北部村庄也存在"抢垦"，"给农民以居住，对五百人掘一井，每五人盖一窝棚，过千人则另划成一村，民国时代的农村即以此种方法，而足见发展至今"[2]。徐家母子来到拉拉屯时，已经有10户左右的村民，近50口人，徐 XF 先租种任家7亩地，住任家的老房子。徐 XF 在农忙时节也给董家打短工，徐大娘由于手工活比较好，和当地一些妇女经常一起纳鞋底，由于她和邻居张婶都是张家口人，最后两个拜了"干姐妹"。刚到拉拉屯的一年，由于乌裕尔河泛滥，使得徐家种的玉米损失一半，仅够母子俩吃饭的，任 HK 主动免除了徐家的地租，并且在过年的时候还给徐家5斤白面和一块猪肉，让娘俩过年包饺子；张婶也给他们送来了一锅粘豆包。第二年开春，任 HK 继续把这7亩地租给徐家，并且借给种子，在自己耕地闲暇时让长工帮徐家也把地种上了。在1928年，在邻居的介绍下，徐 XF 娶梁家的大女儿梁 SF，虽然梁 SF 的父亲梁 G 很不情愿把女儿嫁给一个"外来户"，但女儿同意，最后也勉强同意了这门婚事。徐 XF 和梁 SF 婚后共生有四个儿子和两个女儿。

1932年夏，日本人占领了克山县，到处掠夺粮食，使得当年一大半的收成都上缴了，留下的部分只能是勉强度日。秋后，黄家给徐 XF 在县城找到一份修铁道[3]的活计，供吃住，每个月还给半块银元，铁路一直修到1935年才正式通车。日伪时期，日本趁机向东北输入开拓团，侵占了拉拉屯的很多良田，徐家在村西的土地没了，仅剩下村北的几亩涝洼地，好在梁家的亲属在村里给日本人当差，徐家又在梁家的帮助下在村东开了几亩荒地，收割的粮食勉强度日，徐 XF 的收入也能贴补下家用，徐家的地里活主要都是梁 SF 在娘家人的帮衬下耕种，在黄家和梁家亲属的接济下，度过了日伪时期。

---

[1]　严兆霖修，张玉书撰：《望奎县志》，卷一地理志，民国8年（1919）本，第9页。

[2]　刘祖荫：《满洲农业经济概论》，建国印书馆1944年版，第20页，转引王广义：《近代中国东北乡村社会研究（1840-1931）》，北京：光明日报出版社2010年版，第45页。

[3]　县志记载：1930年修建齐齐哈尔到克山县西部，1932年开始铺建克山县至北安段。

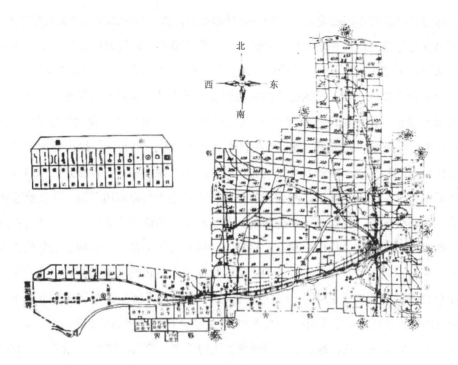

图 3-1　克山县伪满时期全境舆图（摘自《克山县县志》）

在日伪时期，该村陆续迁来 9 户，加上有些人家的孩子结婚分出单过，已经有 26 户居民了，村里的人口也增加到 100 多，徐家五口人，3 个大人，2 个孩子。该村的规模进一步扩大，日伪政府还在公路东盖了几处房子作为防务站，村民主要分布在公路西，蔓延近 1 里（1 里 =500 米）多，该村在行政上隶属于"莽鼐村"。克山县沦陷时期，日本为了大量掠夺农产品及其他资源，于 1932 年 2 月由关东军统治部制定《移民方案策》，1936 年又制定了向满洲移民百万户计划，克山县成为重点县，自 1940 年开始迁入日本"开拓团"，强行廉价收买土地，大搞农地改造。[1] 村里很多的良田都被日本人占去了，家里也只剩下不到 10 亩的洼地。1940 年，日伪当局还强行征用"勤劳奉仕"队和劳工队开发乌裕尔河 [2]，徐 XF 就在其中，一干就是三年，给的工钱少得可怜，因而家里的生活重担全落在梁 SF 身上。平时还好，但翻地、播种、打场这样的活就要找村里乡邻，好在老程家的

---

[1]　李文治：《中国农业史资料》，上海：三联书店 1957 年版。

[2]　《克山县县志》，北京：中国经济出版社 1985 年版，第 133 页。

小子比较多，地里活动帮衬着，徐家婆媳就多给他们做衣服[1]和鞋来交换工；并且村里还有梁姓和杨姓（梁 SF 的舅舅家）都是亲属，因而在日伪时期拉扯家人勉强度日。这个时期也是东北"胡子"泛滥时期，马六趁乱拉起十几个弟兄在克山县南烧杀抢掠，对拉拉屯一直虎视眈眈。一次马六带着队伍来拉拉屯抢粮食，任 HK 代表村里的老少和马六在村南院谈判，最后任 HK 答应给马六每年 35 块大洋才算了事，直到 1945 年马六被消灭，任家承担了大部分。村民们最后请董先生写一幅字敲锣打鼓地送到任家。任 HK 也由于自己在村里的地位，受到村民和当时地方政府的认可，先后担任拉拉屯的村正、闾长，但村里人都说：任老东家是大善人，每次见到他都是笑呵呵的，慈眉善目，谁家有个"危难着灾"的事求他头上，他肯定尽力帮你。如果收成好，任家还会请"蹦蹦戏"班子来唱二人转，过年的时候他家要杀两头猪，一头是自家留着，另一头是给长工和村邻们，因而村里人都管任 HK 叫"大善人"。伪满后期，日本加大了对东北的侵略，董家由于在县城有人当官，对于日本开拓团征用土地以及派劳工等方面对拉拉屯帮助很大，减轻了拉拉屯受迫害的程度。

1940 年，由于拉拉屯的移民增多以及人口的自然增长，使得拉拉屯的房屋蔓延近 2 公里，因而在当地人眼中，这个屯子哩哩啦啦地分布着，因而称为拉拉屯。1946 年，拉拉屯开始土地改革，徐家五口人，由于是租种土地，而被划分为贫农，分得 32 亩的土地，由于农具和牲畜不足，徐家和梁家、杨家组成合作小组，同时根据革命形势的需要，克山县很多村屯都统一命名，拉拉屯和前面一个自然村合称为合心大队[2]，拉拉屯包括合心二队和合心三队。在政府的号召下，徐家大儿子徐 ZC 参军，虽然徐大娘很害怕孙子去南方打仗，但看到那么多军人都成为大官，也希望徐 ZC 能光宗耀祖，好在最后只是在本溪做一些后勤工作没上前线，三年复员后到县城生产资料公司上班。1955 年徐家与梁家等五家组成初级农业社；1964 年开展"四清"运动，把村里很多村民的保家仙和村里的小庙都轧碎；1967 年在批判走资派运动，董家被划为走资派，受到上级派来小组的审判；1968 年，拉拉屯开始公审大会，会上集中讨论地主任 FQ（任 HK 的儿子），并在拉拉屯

[1]　黑龙江的冬天天气很冷，一般的人家棉衣都要准备两套，薄的和厚的。农村妇女秋收后都忙于翻新棉衣，因而家务活还是很繁重的。

[2]　合心大队周围还有钢心、铁心、铸心等十几个大队。其他村落有些改名为胜利、太平、保家、卫国等。

内游行，梁 GC 那个时候是民兵连长，他告诉手下对任 FQ 留情，本想就是走下过场应付下了事，但会计张 YC 主动揭发任 HK 当年如何欺压百姓，并且和马六勾结骗大家钱财等，这使得当时工作队相信了，因而批判任 FQ 就由张 YC 负责，张 YC 不问青红皂白，直接批斗并动手扭断任 FQ 的胳膊。之后张 YC 反映单村长的组织问题，上级派人来审查，最后没问题并官复原职；1976 年"文化大革命"结束，拉拉屯开始家庭联产承包责任制，采取的形式主要是几家亲属或好友结合；1985 年土地使用权彻底归个人所有，徐 XF 夫妇和小儿子徐 ZB 一起生活。

二、移民的类型

通过调查结合各个时期的人口普查数据，拉拉屯在不同历史时段上的人口变化可以归纳为表 3-1。

表 3-1　拉拉屯人口迁移情况

	1920 年前	1921—1945 年	1946—1976 年	1977—1992 年	1992—2010 年
迁入支系	5	23	21	4	无
村庄支系	5	28	49	53	53
村户总数	9	26	73	176	231
人口数	39	180	463	653	737

注：1.1920 年前拉拉屯的支系：任 HK　曲 WQ　梁 ZC　刘 Y　杨 HQ

　　2.1920-1945 年迁来的支系：曲 LG　杜 F　刘 ZS　姜 DS　于 DF　郑 F　徐 XF　方 XT
　　　　　　　　　　　　　　张 GS　张 F　李 TX　朱 FK　王 ZB　王 YC　程 F　程 YF
　　　　　　　　　　　　　　温 J　韩 SS　高 S　陈 JH　庞 W　裴 SL　石 F

　　3.1945-1956 年迁来的支系：梁 YX　刘 SK　闫 XF　李 H　罗 Z　艾 YW　吕 FX　沈 J

　　4.1956-1976 年迁来的支系：刘 C　姜 HX　张 F　周 YC　田 XJ　单 ZJ　李 WX　李 FG
　　　　　　　　　　　　　　朱 FF　王 C　赵 WL　苏 ZH

　　5.1977 年之后迁来的支系：吴 SX　李 CF　曹 YG　王 JX

虽然每个支系来到拉拉屯是多种因素共同作用的结果，但笔者根据这些村民来到拉拉屯的主要动因，把拉拉屯的 53 个支系分成三类：逃荒、招垦及结亲。

（一）逃　　荒

这种主要是在清末民初时期，由于生计、战乱或灾害所迫，只身或全家到东北开始新的生活。这些逃荒的移民又因为在拉拉屯或拉拉屯附近有亲属而把逃荒分为投奔式和无亲属式。拉拉屯现有村民中有 15 个支系属于逃荒到拉拉屯的，其中 5 家属于投奔亲属的；方（叔）家的祖父辈生活在辽宁昌图，本来从事银铺生意，后来开始抽大烟，家道中落，当方家祖父去世后，娘俩在 1926 年由辽宁投奔拉拉屯的舅舅家——杨家，后来其母亲（方叔的奶奶）改嫁到拜泉，但方家的孩子留在杨家长大成人，并在拉拉屯结婚生子。苏 ZH 是 1977 年来到拉拉屯的，当时拉拉屯由于靠近县城，人口相对饱和，已经开始不收外来户，但苏 ZH 的哥哥是当时克山县的一个小领导，因而走动点关系，最后苏家在拉拉屯定居下来；张 F 家是在 1959—1961 年的时候从山东逃荒关外的，其哥哥当时是 SH 乡书记，最后也在拉拉屯落户定居了；吕家是土地改革前由于关内战乱，逃荒到关外，最后投奔了拉拉屯的姑父家——于家，于家早吕家四年到达拉拉屯的；赵家原本是依兰县的，土地改革时期被划为地主，后来避难躲到拉拉屯的舅舅家——杜 F 家；此外还有李 WC 在 1959—1961 年全家逃荒到拉拉屯，虽然其弟弟在拉拉屯，但当时由于粮食紧缺根本不收留外来人口，最后李 WC 把大女儿嫁给了曲 LG，二女儿嫁给前村的苗家，村里人才同意收留李家，80 年代李家的小儿子回山东探亲的时候，与当地的姑娘恋爱并结婚，后来 1992 年李家人也回到山东生活，虽然户口还在拉拉屯，但只留下了两个女儿。其他人家 10 家都是无亲属式的逃荒，这些移民或是从关内或是从东北其他地区辗转来到拉拉屯，时间主要集中在土地改革前后，由于战乱和灾害，这些人开始了"闯关东"。自从 1954 年后，克山县基本上不接受大规模移民，而一些移民仅限于民间自主性移民，拉拉屯靠近县城，对移民限制很严格，所以很多移民都迁移到了克山的北部地区，那里耕地多，人口相对稀少。

乡土中国作为一个熟人社会，这些移民到达拉拉屯后，一般都是先租种土地，然后自己开垦荒地，逐渐积累。由于移民势单力薄，生产和生活都要与其他村民合作，因而他们首先考虑的是如何消除自己一个"外来户"的身份，不同的人家采用不同的策略。如果孩子到了适婚的年龄，他们首选与拉拉屯的"坐地户"联姻，比如徐家，就是通过徐 XF 与梁 SF 的结合，从而依靠梁家的关系，在拉拉屯站住了脚；李 WH 通过把女儿嫁给拉拉屯的人得到拉拉屯的认可。当然也有一些移民，是通过与村民的良好的人际互动，最后建立自己的活动圈子，甚至是一些拜为干姐妹（干兄弟），到孩子长大后，双方都会尽量把对方的孩子娶 / 嫁自己的亲属或孩子，通过这样的策略使得两家的关系更加稳定，比如刘 ZS 家，刚到拉拉屯时候，只是 2 个大人和 3 个孩子，开始租种任家的土地 12 亩，任家看刘 ZS 勤快又肯干，时常周济他家，五年后，刘家大儿子与任家的一个侄女结婚，后来刘家的女儿又嫁给了任家舅舅的儿子，通过这种婚姻的互动，使得刘家与任家关系更加紧密，最终刘家成为拉拉屯的一员。

（二）招 垦

主要是政府出于某些目的，从别的地方迁来一些居民到此地生活。从历史上看，政府组织的对东北的移民主要有三次，即清末、日伪以及解放后。清末是政府出于关内灾害和人口压力被迫开放东北，使得一些人涌入东北地区，但这些人主要是集中在辽宁等南部的东北地区，拉拉屯的任家等三家都是后来自己主动到黑龙江或者受到政府一些政策吸引来到此地的。日伪时期，日本为了加快东北的开发，因而从关内和辽宁等招来很多的垦民；解放后，黑龙江省政府出台了移民政策，吸引一些关内人，但来拉拉屯的移民由于不适应东北的气候和生产活动，后来大多返回原籍，最后在拉拉屯定居的只有梁 JC 家和艾家。同时，还有三家是"文化大革命"期间支边的，一家后移民到依安县，一家返回原籍，只有单家留下来。拉拉屯中有 34 个支系，政府有针对性地开发拉拉屯主要集中在 1956 年之前，日伪时期总共迁到拉拉屯的支系有 16 个，这些人加上之前逃荒到这里的居民被称为拉拉屯的"坐地户"，而建国后，黑龙江省也组织了大规模的移民，但主要是针对克山北部那些人烟稀少的待开发地区，而这次招垦中拉拉屯只来了 5 个支系，即田 XJ、李 WX、朱 FF、罗 Z 和沈 J。招垦不仅有政府组织从其他地区招来的农民，也包括一些由于政策的需要，从不同地区调动到拉拉屯的移民。在社会主义建设时期，新中国为了发展农业生产和建设农村的需要，先后把李 WX（大夫）、刘 C（供销社职员）、王 C（拉拉屯西边砂石厂工人）迁到拉拉屯，这三个人虽然居住在拉拉屯，但都从事非农业生产，现在是非农业户口。在"文化大革命"时期，先后从合肥、沈阳、北安等地把单家、周家、李 FG 家和孙 DR 家下放或支边到拉拉屯，单 ZJ 是军人出身并且在车间当过领导，被任命为拉拉屯的村长，并赢得了村民的信赖；其中周家和孙家在"文化大革命"后由于政策落实，又回迁到原居住地。

对于招垦的移民，除了单家当时在克山县城有亲属外，其他都属于独闯天下，属于单个家庭的移民。土地改革前后招垦的移民主要是政府为了开发东北，日伪时期政府给这些垦民发放一些路费，为他们设置居民点，准备简易的房屋和生产工具，在第一年会免费或借给垦民种子，据刘 C 介绍：

> 我家原来在吉林四平，后来满州政府宣传黑龙江到处有飞禽、良田，我们举家随着招垦团来到黑龙江，先到绥化又迁到这里（拉拉屯），那个时候这只有十几户人家，我们一到这，他们已经给盖好了"马架子"，还借给我们种子，我们一到（拉拉屯）就开始春耕了，前三年只收一半的地租……我们这些人几家一伙联合起来一起种田、买牲口，或者去老任家雇牲口种地，第一年秋天就丰收了，这样大家才安心在此地生活下去。

对于这些外来人，初来咋到一个陌生的村庄，为了生存下去，这些移民首选选择在外来人中团结起来，再想办法和本地人沟通，因而这些外来人之间通过接人待物建立了信任关系，但这种关系是基于生产和生活的需要，很容易受到外来因素的影响而改变，大家为了长久保持良好的合作关系，最终选择了"亲上加亲"，即在良好的关系基础上缔结亲属关系，而对于这些没有血缘关系的人群，缔结亲属关系只有依靠姻亲，在这个时期，很多人家结为儿女亲家，比如王 ZB 儿子娶程家的大女儿，程家的二女儿又嫁给张 F 家，刘 SG 娶王 SQ，通过婚姻最终把外来人进而把整个村子纳入到一个婚姻链条之上，进而成为一个整体。

（三）结　亲

主要是拉拉屯的姑娘嫁给外地男子，最后男子"入赘"到拉拉屯来生活，拉拉屯的情况是这些女方家庭没有儿子，其他村子也有儿子年纪小，把大姑爷入赘到本家的，这就应了东北那句话"一个姑爷半个儿"。但这种入赘不是要婚后的男子及其子女改变姓氏即跟从妻子的姓氏，而只是和女方家长一起生活或者是新婚夫妻单独在拉拉屯生活，平时多照顾下女方的家长。拉拉屯有 4 家，即曹 YG（娶曲 YF）、李 CF（娶朱 X）、吴 SX（娶任 YM）、王 JX（张 LZ）。李 CF 介绍说：

> 我是转业军人，当时本想留部队，但后来没留成，转业时候已经 24 岁了，在当时的农村年龄就已经算大的了，定了一个婚但觉得和自己很

不相配，后来邻居介绍，认识了朱 X，觉得聊天和个头都合适，最后就结婚了。开始的时候就没有和老丈人一起生活。只是作为大姑爷常帮助老俩口做事。

曲 YF 生下女儿不久，丈夫就去世，经人介绍，把曹 YG 介绍给了她。曹 YG 由于人老实加上家里很穷，最后到拉拉屯和曲 YF 一起生活，加上在拉拉屯曲家也是一个大户，因而家里的很多基本上都是由曲 YF 说了算。由于拉拉屯与县城比较近，从事非农业活动以及子女的入学都很方便。如张 YC 的孙女张 LZ，结婚后就和丈夫王 JX 住在拉拉屯，经营一个小食杂店，白天的时候丈夫主要在县城开出租车。

通过对这三种移民的分析，我们可以发现拉拉屯的移民都是个体或单个家庭的移民，新环境中没有自己的亲属网络，作为一个外来人进入一个陌生的乡村社会，要做到真正融入进去，他们的策略首选是利用自己家庭的资源来建立社会网络，进而达到融入这个乡村社会，那么缔结婚姻是一些小家庭的最好选择，可能这个策略的实施要等待一定的时间，但婚姻作为人生的一个重要组成部分，是村民无法逾越的，因而这些移民通过婚姻技术，建立了自己的社会圈子，同时也通过婚姻把整个乡村社会变为熟人社会。

三、无宗族的社会

东北作为满族的龙兴之地，一直受到清朝统治者的重视，鉴于后来的人口、灾害等压力，清初（1644—1667）招民开垦时期；清中期（1668—1859）封结东北时期；清末（1860—1911）开禁放垦时期，即东北地区从局部开禁到全部开放时期。从移民的数量和类型来看东北汉人社会的形成主要是在民国期间。这些移民七成以上来自山东，剩下就是河北、河南，少量来自其他省份。[1] 民国至伪满时期，由于关内战乱、灾害以及人口压力等因素导致很多居民开始"闯关东"。据《桦甸县志》记载，一个农民劳动力每年可种地 2 垧，所得米食折变吉钱 2 万吊左右，养活三口之家尚可维持。[2] "壮健单夫治二三垧地，供八口家食，岁收

---

[1]　参见陈彩章：《中国历代人口变迁之研究》，北京：商务印书馆 1946 年版，第 119 页；路遇：《清代和民国山东移民东北史略》，上海：上海社会科学院出版社，1987 年版，第 48—49 页。

[2]　田志和：《清代东北流民》，吉林省东北史研究会：《东北史研究》第一辑，内部资料 1983 年版，第 165 页。

所入，绰有余裕。"[1] 可见，清末到民国期间，东北地区一直都地多人少，可开垦荒地较多。此外 1910 年，山东省的地租率高达 50%—67%，比沈阳高出 20—36 个百分点，更高于吉黑两省。[2] 在内地战乱和东北较低地租的两种力量的推拉之下，许多人开始了"闯关东"。

表 3-2 1923—1925 年大连港登陆、返籍移民人数月别比较表 [3]

月份(月)	1	2	3	4	5	6	7	8	9	10	11	12	合计
移入	3.1	9.6	26.2	11.2	7.0	4.5	4.9	5.6	6.4	8.1	8.0	5.4	100.0
移出	9.9	5.0	8.1	6.9	7.0	7.7	6.2	6.3	6.5	9.1	12.7	15.3	100.0

东北地区每年 10 月至次年 4 月进入冬季，天气寒冷农耕停止，东北的工农业也受到天气的影响，加之中国的春节，因而很多的移民都是季节性移民，何廉曾对 1927 年以前内地移民留居东三省时间的长短做了估计，其中计划居留一年者占移民总数的 10%，两年者占 20%，三年者占 40%，五年者占 10%，七年者占 3%，十年者占 1%，十年以上者占 1%。[4] 并且表 3-2 中显示，每年约有半数的移民进入东北，时间集中在 2 月、3 月及 4 月，而此时东北正是冰雪消融、农耕开始的时候，因而容易找到工作；待秋收后，东北进入冬季，这些人拿到工钱准备回家过年，因而返籍的时间主要集中在 11 月、12 月及 1 月。传教士杜格尔德（Dugald Christie）在奉天（沈阳）亲眼目睹了这些移民通过奉天去大连渡海回家过年的情景。[5] 因而在早期来到东北地区的移民大部分都是季节性移民或短期移民，几乎没有在东北定居的打算。

我们再从表 3-3 中看，这些移民中八成以上是成年男子，独自一人来"闯关东"，他们主要是赚钱再返回老家，即使有少数带领家人"闯关东"的，基本上也都是一家一户，几乎没有一个家族整体移民的情况。并且从数据上看，妇女和儿童的数量在慢慢增加，据旅吉山东会馆和龙江慈善会的难民册，在 1927 年、1928 年到吉林省城的山东移民以及 1929 年到黑龙江省城的河南移民中，男子占

[1] [清] 徐宗亮：《黑龙江述略》卷 4，贡赋，哈尔滨：黑龙江人民出版社 1985 年版，第 56 页。

[2] 李文治：《中国近代农业史资料》第一辑，上海：三联书店 1957 年版，第 267 页。

[3] 何廉：《东三省之内地移民研究》，载《经济统计季刊》1932 年第一卷第 2 期，第 231 页。

[4] 何廉：《东三省之内地移民研究》，载《经济统计季刊》1932 年第一卷第 2 期，第 231 页。

[5] [英] 杜格尔德·克里斯蒂：《奉天三十年》，张士尊译，武汉：湖北人民出版社 2007 年版。

40.16%，女子占 26.29%，孩童占 33.55%。[1] 这些妇女和儿童由于迁徙不便和生计，因而一些移民家庭就会考虑短期定居东北，而到达这个地区由于是人生地不熟，必须要扩大自己的社交网络，因而很多以地缘、业缘为纽带开始结成网络，并且由于拖家带口来到东北，经过几年的积累已经开始有自己的产业，孩子也到了结婚年龄，这些移民就会考虑在村内结亲，巩固自己的社会网络。

表 3-3　1925-1929 年在大量登陆的关内移民性别分配表 [2]

年 份（年）	成年男子		妇女与儿童	
	人数（人）	百分比（%）	人数（人）	百分比（%）
1925	174 733	88.5	22 659	11.5
1926	242 624	88.8	30 448	11.2
1927	481 031	80.2	118 421	19.8
1928	418 960	82.7	87 593	17.3
1929	433 777	84.6	79 170	15.4

移民社会的流动性很大，加之自耕农是农民的主体部分，如同黄运北部地区一样，这些因素使得东北汉人社会具有较强的开放性，同时在这种移民社会里具有很强的渗透性。东北地区的地主并没有大规模地占有土地，村庄成员的流动性大，乡村精英没有获取更多权威的欲望，他们不可能捐出土地作为共有财产，因而也就不能出现推动宗族产生的阶级基础和物质基础。此外，东北地区汉人社会由于其迁移的经历和移民社会结构等原因，导致其不能形成共同的祖先或其他神明信仰，在东北萨满教的基础上发展出来了保家仙信仰，这种信仰都是以每家为主体的，甚至在有共同移民记忆的基础上，也无法把村民团结起来，组建一个大的共同体——宗族。

经过几十年的经营，一些早期"闯关东"的农民不断发展壮大，凭借一些"义行"，成为乡村精英，开始控制着乡村社会。伪满时期一些农村富裕的知识分子开始向乡绅演变，并且控制着乡村的文化教育，同时也强化着乡村与城市的联系，使得汉人社会由封闭走向开放。1945 年，抗日战争打乱了东北汉人社会尤其是黑龙江地区开放的步伐，由于苏联首先解放黑龙江，后中国共产党接收，同时开展

---

[1]　陈翰笙：《难民的东北流亡》，冯和法编：《中国农村经济论》，《民国丛书》第二编，第 35 册，上海：上海书店 1990 年影印版，第 339 页。

[2]　何廉：《东三省之内地移民研究》，载《经济统计季刊》1932 年第一卷第 2 期，第 233 页。

土地改革。这个因素使得东北逐渐被纳入新政权的版图，另外一个因素是上面我们讲到的，东北也是日本首先占领的地区，该地区具有较强的渗透性，"九·一八事变"后，中国共产党就在该地大力发展势力，一些开明的知识分子和农民逐渐成为抗日的主要力量，使得东北地区如同黄运西北地区一样，缺乏统治性的乡村精英，因此给外来的组织者们提供了更大的可渗透性。[1] 正如 Steven Levin 的研究显示，由于乡村精英在日伪时期已经受到削弱，中国共产党控制东北后，积极开展土地革命，使得共产党和农民之间达成"交换"关系的第一步，同时也造就了走向胜利的力量。[2] 中国共产党通过不同时期的土地政策，把乡村社会的主要财产——土地从个人转移到国家手里，并最后实行土地的集体所有制，使得农民都平均得到土地，实现了"耕者有其田"，但这种政策使得宗族失去了原作为其存在的物质基础。而东北社会族内或村内共有财产本身就十分缺乏，如拉拉屯里任 HK 虽然在当地很富裕，并且时常接济村民，但他从来没有把自己土地的一部分作为村里的共有财产，以便这些土地的收入作为村里公共事务的经费。另外，村里不存在一个富裕的大姓绝对支配乡村社会的情况，更没有某些强大的姓氏拉拢其他人进入自己的族内的情况即合族。因而，当共产党人进入乡村，利用土地改革与农民形成联盟，使得乡村精英和乡绅都被孤立，当时的村干部利用外来势力，打击精英和乡绅阶层，最后在"四清"运动中，把作为可能推动宗族产生的阶级基础也被彻底消灭。国家积极推进五年计划，乡村社会在这场现代化进程中，彻底失去了自我发展的机会，土地收归国有，信仰遭到破坏，就连耕种作物的数量和种类也都纳入国家的建设中，因而这些都使得宗族在东北地区没有绽放就夭折了。

第二节　拉拉屯的亲属制度

前文我们通过移民的历史来说明东北汉人社会是一个无宗族的社会，本节笔者重点来说明在这种社会中具有什么样不同的亲属制度？

（一）亲属的类型

按照血缘和财产的继承关系来划分，亲属可以分为父系亲属、姻亲和拟制

---

[1]　[美] 彭慕兰：《腹地的建构》，马俊亚译，北京：社科文献出版社 2005 年版，第113—116 页。

[2]　Kathleen Hartford: Single Sparkle: *China's Rural Revolutions*, M.E. Sharpe, 1989.

亲属。这是从自然方面来区分，但我们知道亲属也是一个文化的范畴，它受到地域文化和历史的影响。下面我们结合东北汉人社会的具体条件来分析拉拉屯的亲属世界。

1. 父系亲属

作为一个移民社会，拉拉屯共有 36 个姓氏，53 个支系，其中最多的姓氏是刘姓，有 37 户，但分为 5 个支系，而任姓有 18 户，成为拉拉屯最大的一个支系，其中一个支系低于 5 户的共有 32 个支系，高于 10 户的支系只有任家、刘 Y 家和刘 S 家。因而从这一点上说，拉拉屯虽然是父系社会，但并不是一个宗族村落，呈现出孔迈隆（Cohen Myron）所说的"显著的宗亲异质性"（pronounced agnatic heterogeneity）[1]。

由于东北地区移民的特殊性，即个体移民或家庭移民，使得宗族亲属具有先天不足的性质，因而，拉拉屯作为一个父系社会，没有向宗族发展的基础。拉拉屯自从建立开始就没有共同的信仰和祭祀活动，最多也就是一个支系组织祭拜活动，经历"四清"等运动后，使得这些活动就归到各自的家庭内部进行，或者只在"三服"之内进行，因为人们习惯上认为只要一个共同的亲属如父亲或祖父活着，大家还作为一家人，一旦这个人去世了，这个支系也就很快瓦解了。移民社会的流动性较大，因而在当今举行共同的祭祀活动仅限于在大家有一个共同的长辈活着的前提下，如方家祭祀保家仙，因为方叔的妈妈还活着，但也并不是所有的方家人都祭拜，近两年的调查显示：只有方叔和方 J[2] 给供品，其他人根本没有来祭拜过，甚至是不理会保家仙了。经历了市场经济大潮的冲击，维系族亲的纽带基本上已经没有作用了，拉拉屯的本土信仰正经历着"世俗化"进程，一个支系更多的是依靠其他手段如经济合作来维持成为一个整体。因而当今拉拉屯更多的父系亲属主要是从当时一个支系发展出来的亲属，彼此之间虽然认同互相的亲属关系，但对于宗族本身发育不健全的东北汉人社会来说，父系亲属伴随着移民社会的形成就逐渐被边缘化，父系亲属的很多职能大有被其他类型的亲属取代的趋势。

（二）姻　亲

由于移民的特质，使得移民到达拉拉屯后，首先要拓展自己的社会圈子，因

---

[1]　Cohen Myron: *Lineage Organization in North China*, Journal of Asian Studies (49)511.

[2]　方 J 因为 2007 年得了脑血栓，病好之后才开始祭祀保家仙。

而缔结婚姻关系是最有效的方式。从村庄的历史时段上来看，拉拉屯村民在"文化大革命"之前都是以村内婚为主。东北由于生产环境和耕作的需要，妇女都要参加劳作，使得未婚男女接触的机会更多，也使得很多未婚男女婚前都"暗送秋波"，最后媒人只是一个形式而已，在经过家人允许后缔结婚姻，徐 XF 和梁 SF 就是一个例子。其次由于东北是无宗族的社会、父系亲属的先天不足，人们在日常生活和劳作中协作更多依赖于其他社会关系，因而人们通过婚姻拟补父系亲属不足的缺点。拉拉屯没有"同姓不婚"的说法，只是大家认为在"五服"之内是不许结婚的，在 20 世纪 60 年代前，还存在着近亲结婚的现象，但禁止姑表婚，认为这样是血脉倒流。拉拉屯内结婚情况如下：

表 3-4 不同时间段通婚范围

出生时间	1945 年前	1945—1956 年	1957—1980 年	1980 年以后
村内婚	8	35	42	8
村外婚	2	23	64	24
合计	10[1]	58	108	32

拉拉屯所在的 SH 乡，自晚清有历史记载开始，十天一次集市，周围几个地区轮流，SH 乡是初三集市；日伪时期，为了适应商业化以及人口和村庄增多的需要，以及公历纪年的推行，SH 乡改为每周三集市。附近 4 公里范围内的村民都来此赶集，拉拉屯的位置虽然更临近县城，但早期村民还是习惯赶集，这里有四里八村的村民，很多人都比较熟悉，并且通过集市大家可以交流当地最近的信息，在集市上村民还可以直接或间接通知亲朋好友自己家什么时间举办婚礼等重大的仪式活动。一些年纪大的妇女也会趁赶集的时机，帮别人家或自己的孩子物色对象。因而从这个意义上讲，SH 乡集市符合施坚雅（William Skinner）的基层市场理论，基层市场对于农民来说尤其重要，基层市场的职能为了满足农民的需求而交换他们的产品，交换信息，农民常常在这个市场社区内娶儿媳，基层市场社区中有一种农民阶层内部通婚的特别趋向。[2]

我们观察拉拉屯村民通过采用婚姻技术使得不同的家族成为"转折亲"，纳

---

[1] 这个数据主要是指到拉拉屯后结婚的人，此外还有些移民未到该村就已经结婚了。

[2] [美] 施坚雅：《中国农村的市场和社会结构》，史建云、徐秀丽译，北京：中国社会科学出版社 1998 年版，第 25—46 页。

入自己的亲属体系。根据妇女不同的流向，婚姻形式又可分为三种：流转婚姻、发散婚姻和中心婚姻。[1]

图 3-2　婚姻模式

注：箭头代表女性的流向

　　通过这些婚姻技术，使得本属于亚群体的人，融入拉拉屯社会。并且通过这三种婚姻技术使得拉拉屯几乎都处于一个亲属网络之中，尤其是姻亲网络。可能一个移民刚到拉拉屯的时候，没有任何亲属，但经过若干年的发展，这个家庭会通过婚姻与拉拉屯几个家庭建立亲属关系，而这几个家庭又与村里其他支系是亲属关系，因而大家都在一个泛亲属社会中。经过若干年的相处，拉拉屯的村民很容易根据对方在自己亲属体系中与自己的关系，找到一个合乎情理的称呼。

　　除了父系亲属和姻亲外，还有拟制亲属，人们通过结拜、认干亲等形式成为亲属关系。个体移民或家庭移民刚到达拉拉屯时候，为了尽快融入地方社会，结亲是最简单快捷的方式，一旦没有适婚的孩子，一般都会根据人们日常相处以及地缘或业缘等结成拟制亲属，通过这层关系也会拓展其社会网络。单家的亲属都在县城内，因而单奶奶刚到拉拉屯，通过与曲 SJ 拜干姐妹，从而取得在拉拉屯的辈分身份权，因而方婶称单奶奶为三姑。

二、亲属称谓 [2]

　　作为一个父系社会，亲属称谓也与一定的社会文化联系在一起的。从调查的资料来看，拉拉屯的亲属称谓主要按照以下四类划分。

　　1. 男女之别

　　拉拉屯对男女有着不同的称呼，在同辈分的情况下，一般习惯用兄弟称呼男

----

[1]　该模式受到吴飞的启发。

[2]　这部分的论述受到张江华教授《血与土的变奏》（载于《云贵高原亲属与经济工作研讨会论文集》，1999 年）的启发。

性，姐妹称呼女性。而对于不同辈分的，要把辈分与性别联合起立，如对待父亲的姐妹称为姑姑，而母亲的姐妹则称为姨，之后再根据其在同辈之间的排行，加上一个顺序号，比如父亲的二姐或二妹，称为二姑。同样的道理来推出对亲属中其他不同性别人的称呼。

2. 年龄之别

年龄的区分主要是关注同辈分之间的关系。依据年龄大小来与自己进行区分，比自己年长的一般称为哥哥或姐姐，但对于不同辈分之间，则年龄是次要因素了。因而在东北也会出现年龄小但辈分大的例子，因而这个时候就主要依据辈分来称呼。

3. 父母之别

根据父亲或母亲来划分亲属关系。比如父亲兄弟的孩子我们称为堂～，而母亲同辈分的孩子我们则称为表～，并且以自己为中心称呼，母亲方面的长辈，习惯上按照娘家称呼，如母亲的舅舅，称为舅姥爷，而父亲的舅舅，我们称为舅爷。

4. 世代之别

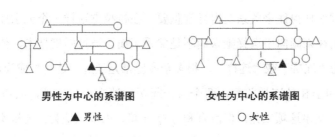

男性为中心的系谱图　　　　　　女性为中心的系谱图

▲ 男性　　　　　　　　　　○ 女性

图3-3　系谱图

对于一个父系社会，世代成为亲属称谓的重要标志，中国人讲五服，即以个人为中心，上下各推二代，而东北作为一个移民社会，因而五服观念不是很重，但人们还是很注意支系，这个主要是看是否有活着的祖辈，一旦这个共同的祖辈活着，那这几个家庭还算一个支系，因而不能通婚。虽然是同一代的孩子，但称呼还是不尽相同的，如自己的孩子为儿女，而弟弟的儿子则是侄子。而对于妻方的称呼在这个方面没有变化，如妻子弟弟的儿子，也称呼为侄子，而对自己姐姐的儿子则称为外甥。

因而，我们从上面的论述可见，东北汉人社会的亲属称谓主要依照世代和父母方面来判定的，男女很容易分辨出来，但在辈分和具体父系还是母系的亲属是不能错的，否则长辈会怪罪你不会排辈分，进而说明你不懂人情世故。

三、实践亲属关系

按照布迪厄（Pierre Bourdieu）的观点，亲属可以分为场面上的亲属和实践亲属关系，纯粹基于宗谱关系的亲属关系只在正式情境中使用，执行使社会秩序化的功能，还存在亲属关系的实践运用，它是情境化的、灵活的，并且代表了"功利性的利用人际关系的一种特定情况"[1]。乡村社会作为一个熟人社会，社会圈子成为村民的重要社会网络，而以自己为中心的社会圈子就是实践亲属的重要表现。

在拉拉屯村民中，人们对亲属有着自己的划分，即实在亲戚和一般亲戚，这种划分一方面遵循血缘关系，但更重要的一方面是基于人们实践关系的亲疏。通过前文我们知道拉拉屯处于一个泛亲属的关系中，因而几乎每个人都可以说是亲戚关系，也就是我们所说的一般亲戚或一般关系，但实在亲戚不仅要求存在一定的亲属关系，同时也要保持密切的往来关系，而且亲属关系大家可以通过转折再造出来，因而使得往来关系变得异常重要。在拉拉屯这样一个无宗族的社会里，家庭之间的往来倾向于选择姻亲而不是父系亲属。通过婚姻技术，使得拉拉屯很多人都成为"连桥"或"连襟"，很多新家庭都是通过"连桥"成为新的共同体。例如方 Q 和李 S 是连桥关系，两个人一起贩运沙土给建筑地，而作为方 Q 的哥哥方 C 也在从事这项工作，但没有和方 Q 一起。朱爱岚认为：连桥不同于兄弟，他们之间没有继承的利益冲突，而且相互的扶助和合作能够由他们的妻子们轻松地维持和促进。[2] 而问及这些当事人为什么选择和连桥合作，他们回答：在一起干活肯定要涉及钱，这女人对钱很看重，我们倒是没什么，只要不太过，如果是姐俩就不一样了，她们不那么斤斤计较了，方便合作下去。这种合作关系进一步说明姻亲在当地的重要性，但这种关系也需要双方不断努力，毕竟如果只通过妻子一个人来实现合作，一旦这个媒介不存在了，这种合作关系也容易破裂，而新

---

[1]　[法] 布迪厄：《实践感》，蒋梓骅译，南京：江苏人民出版社 2009 年版，第 239 页；阎云翔：《礼物的流动》，李放春译，上海：上海人民出版社 2000 年版，第 112 页。

[2]　Judd Ellen: *Niangjia: Chinese Women and Their Natal Families*, Journal of Asian studies 48(3).

的家庭又会寻找新的合作伙伴。

这里的父系亲属也不是人们常规意义上的宗亲，习惯上人们认为只有五服甚至三服之内的人，出了五服的人就和一般亲戚关系没有什么两样的了。并且村民有的时候会把这种差别分得很清楚，甚至不承认亲属关系。如梁 YW 和梁 YB 本是三服的兄弟，爷爷已经去世，梁 YW 的父亲也于十多年前去世了，但由于前年两家在建房子问题出现过争执，因而两家人几乎不怎么说话。甚至在一些公共场合，梁 YW 都不承认两个人的兄弟关系。

随着近几年人情的泛滥，使得拉拉屯很多的村民都卷入人情的漩涡里，并且拉拉屯需要礼物的场合也越来越多，除了人生礼仪如出生、结婚、丧葬，还有节日如春节、端午和中秋，甚至近几年出现了升学、当兵、有病以及上梁、乔迁，只要是家里举办酒席，有"礼份子"往来的人家都要去，否则人们会认为你退出了这个"互惠圈"。而对于一些有亲属关系的，则不管你们是否曾经有过礼物的流动，在常理上是必须要参加的，否则亲戚们会说你没有人情，一旦你家有什么活动的时候，也不会有人来捧场。因而，面对乡村社会礼俗的压力，很多人都不得已参加这种礼物的流动，大家都知道主动退出无疑就是退出了这个乡村社会圈子，因而很多人只是在维持这种互动或者说是逐渐淡出。但对于一些实在亲属的互动，是从来不敢怠慢的。如方婶的侄子家，8 月盖房子方婶送了五十鸭蛋，接着小卖店开业方婶送了 100 元，12 月侄子的儿子当兵方婶本打算随礼 50 元，但方叔帮忙记礼账，所有去的客人只有七个 50 元的，并且方婶弟弟家也随礼 100 元，何况还是自己家的亲属，因而也随礼 100 元，方婶回来就嘟囔："这半年光他家就三件事，我就随礼二百多，我们家都没事，下次我们家狗下崽子也请客。"虽然是句玩笑话，但也真切地反映了拉拉屯日益高涨的请客送礼风气。由于方叔之前曾在乡政府和村里当过领导，时常有些连方婶都不认识的人来电话通知，告知：哪天因为某事在某个饭店举办酒席，让方叔参加。方婶一般都不告诉方叔，甚至本村的没有礼份子往来的方婶家也尽量不参加，毕竟对于两个年龄六十岁的老人家而言，从经济学考虑已经没有回收礼物的机会了，但像亲戚的酒席是必须参加的。从经济上讲，举办酒席一般扣除各种费用大概盈余是礼金的 1/2—2/3，并且现在很多人直接在饭店举办酒席，简单省事，用当地人的话就是想收点礼钱，因而在有些酒席上会看到一家三四口人都参加，用张婶的话就是"全家人都去，要把礼钱吃回来",虽然我们知道肯定吃不回来的,但也表明村民对这种礼物的态度已经发生的转变,这种礼物的互惠胁迫着村民不得不就范。除了被迫参加外还有一些主动参加的,礼物也是表明两者关系的一个重要标志,除了一些在礼金上有往来的,我们从礼金的多少就能看得出两家的关系,在礼金数量上,一般实在亲戚或至交是最多的,其次是一般亲戚,最后才是屯邻。实在亲戚是必须参加的,而至交主要是平时交往圈子里的人,由于两者的互动频繁,因而在互动上取得了实在亲戚的地位有的时候甚至超过实在亲戚而居首选位置,同时参加宾客的层次以及数量也代表了这家人的交际范围,而不至于在村民面前失面子,进而提高该家在村庄里的地位。通过礼物使得一些非亲属关系被纳入亲属范畴,也通过礼物和日常实践巩固彼此之间的亲属关系,建立一个牢固的社会圈子。

对于东北这样的移民社会来说,本身宗亲没有发展起来,在后集体时代村庄的公共生活几乎消失殆尽,很多事务都回到私人领域,甚至是一些村庄事务都由私人代理,因而每个人的社会圈子都会尽量把外人纳入亲属的范围,使自己的圈子不断扩大,进而增加自己的活动空间,因而,从这个意义上讲,东北汉人社会的亲属已经超过了血缘的范畴,亲属的弹性空间很巨大,人们可以根据自己的实践来确定哪些是亲属,也可以根据实践来确定亲属的范围大小。

二、分(家)与归

东北是满族的发源地,满族自古以来就有重女的习俗,满族的女孩子可以骑马、不裹脚,并且出嫁的女儿对娘家的事务还有参与的权力,因而才有"姑奶奶"的说法。加之移民因素和政府对东北政策上的调整,最终导致了东北没有形成强大的宗族体系,并且新婚家庭很容易分家,自己顶门过日子。在1985年前,许多新婚小家庭结婚之时都会与父母住一段时间,这个时间的长短主要看弟弟什么时候结婚,一般都是在弟弟结婚前后分出去单过;而现在则多是,结婚的时候直接在外面找好房子或父母额外给准备一套单独生活的婚房,回门后甚至是新婚第二天就单过。东北这种分家形式决定了父母一般都和家里的幼子一起生活,直到近年来,父母或孩子坚持结婚后都分家单过,才会出现父母在年迈的时候选择在哪个儿子家养老,否则一般都是最后在幼子家养老,但如今父母也会考量和哪个儿子儿媳关系更好点以决定到底与哪家住一起。

分家的时候，一般父母给的聘礼和嫁妆都由新家庭带走，男方父母同样会给小家准备好一些米面和简单的日常生活用品，如锅碗瓢盆。方婶回忆当年分家的时候，当时小叔子刚结婚，婆婆只给了她两双碗筷和两个小柜，两套行李，剩下都是自己想办法张罗的。但今天由于结婚出现了"干折"，即把所有的结婚用品折合成现金，因而男方父母基本上也不会准备太多，主要是依婆媳关系以及男方家庭条件而定。

表 3-5 克山县近年来结婚费用统计表

姓 名	赵 H	赵 B	赵 K	刘 GJ	徐 T
结婚时间	1987 年	1992 年	1994 年	2002 年	2005 年
费用（元）	3 000	7 500[1]	20 000	65 000	105 000

注：赵 H、赵 B、赵 K 都是方婶的儿子，刘是赵的姑表弟，徐 T 是方婶娘家的侄子。

"归"主要是指父母年迈或有一方去世后，子女养老。对于这个问题，在1985 年前，基本上没有空巢家庭出现，因而如果说到归，主要是指父母与现在住一起的孩子家庭不合或对其不满意，因而就会赶走这个孩子家庭让另一个孩子家庭与自己同住，以便今后的养老。但如今是，孩子结婚已经把父母家里的财产占去很多，甚至父母为了孩子的结婚费用（具体结婚费用详见表 3-5）会"拉饥荒"（欠债的意思），父母在孩子结婚后要尽力还债，最后父母剩下的财产并不多，父母一般都是到孩子的家庭生活，因而父母这个时候没有赚钱的能力且没有任何积蓄，所以很多父母宁愿自己生活也不想和孩子一起生活，"不想看别人（儿子或儿媳）的眼色生活"，这是年迈父母的普遍心态。因而在拉拉屯中有 14 户空巢家庭，甚至有 4 个老人，虽然他们的孩子就在拉拉屯，但他们还是选择独身生活。

美国人类学家玛格瑞·沃尔夫（Margery Wolf）在台湾的调查基础认为：中国大家庭的分裂原因不在于兄弟之间关于财产的争执，而在于他们的妻子为建立自己的生活空间，即父系大家庭内部出现了"子宫家庭"（uterine family）。[2]而李霞在此基础上，结合实践理论提出了"生活家庭"，她认为从日常生活实践角度来理解家庭。这种家庭是一个生活空间，其中各家庭成员的情感、策略、行

---

[1] 当时赵 SS 不同意这门婚事，因而都是方婶一手操办，当时去见女方，由于女方同意这门婚事，方婶把礼钱压低很多，当时按照村里平均价格应该是 8 500 元左右。

[2] Margery Wolf: *Women and Family in Rural Taiwan*, Stanford University Press, 1972: 142-147.

动形成了家庭的权力关系即社会网络[1]，并且妇女通过"为人处事"来建构自己的亲属网络，父系亲属不再是人们"想象的共同体"，妇女也不再是受气的"小媳妇"角色，她们通过自己的日常生活实践建构自己的社会网络。在分家的问题上，一般都是媳妇主导，媳妇可以利用回娘家住、打闹等方式逼迫丈夫家接受自己的条件。如果说分家时，婆媳两个女人还算是势均力敌的话，那么"归"这个问题在拉拉屯的村民看来更多的是婆媳之间的关系，尤其是媳妇在中间处于主导作用，因为从当前拉拉屯的情形来看，老人已经处于弱势地位，没有劳动能力也没有积蓄，完全是被赡养的，并且近年来市场化也影响着拉拉屯，有三分之一的家庭出外打工，而在家的一些农户在家附近从事非农业生产，很多家庭的男人每天早出晚归或者季节性地出外做工，家里很多事情都由妇女来操持，妇女不仅照顾着家人的生活起居，也从事创造性的生产活动如耕种土地，并且妇女履行本来属于妇女的活动，目前也开始代替丈夫行使本属于男性户主的职能，比如参加村民的婚礼、村民选举等村庄公共性的活动。很多家庭之间的关系都是依靠妇女来维系，如徐ZB家，丈夫在附近建筑工地打工，每天就是回家睡觉，因而家里的耕地由方婶找人雇农机、铲镗收割；村里的人情世故都由方婶来参加，虽然对外还是称徐ZB为"当家的"或"掌柜的"，但在具体操纵上还是由方婶完成，甚至可以说是由方婶自己做主，这样就使得徐ZB家的亲属往来大部分都是由方婶实践，所以我们看到方婶家更多的是与其妻弟马Z家往来，而不是与徐ZJ家互动，因而才有我们在生产合作上看到的是"连桥"而不是兄弟更容易合作。妇女从嫁进来到分出去，一直在支配着家庭的走向，妇女成为亲属的主要实践者。在拉拉屯的亲属实践里，姻亲的地位通过妇女的连接和推动使之得到提升，并成为村庄的主要属形式。

小　结

拉拉屯只是一个东北小村庄，但我们从这个村落民族志可以反观东北汉人社会的历史和记忆。从移民的迁移路线来看，东北之所在作为一个整体，很大原因在于这个区域内的人民有着共同的经历，主要都是清末逃荒或招垦到东北，有些

---

[1] 李霞：《婆家与娘家》，北京：社会科学文献出版社2010年版，第10页。

家还是从辽宁辗转到黑龙江，在不同地区都有留下自己的足迹和亲朋好友，形成共同的历史记忆；此外，这些逃荒的人基本都是来自于山东、河北、河南等地，在东北地区上形成了中原文化与东北本土文化的交融，对外表现出文化的一致性，因而外面的人没有称黑龙江人、吉林人和辽宁人，而是直接统称为东北人。

拉拉屯的亲属结构不是弗里德曼所说的"宗族模式"，也不是杜赞奇所说的"权利的文化网络"，究其原因，不仅由于它是个移民社会，也是由于东北特殊的地理和人文环境。

通过对拉拉屯居民的迁移历史分析可以得出结论：东北汉人社会由于是个体或单个家庭的移民，使得村落内部没有数量更大的父系亲属网络；加之这些移民来自不同的地方、受到不同文化的影响，所以没有形成一个共同的信仰体系或文化传统，以及东北乡村社会本身就缺乏一个共有财产制度，宗族产生和发展缺乏物质基础；并且各时期的国家政权也在不断打压正在成长的宗族萌芽，最终导致今天在东北汉人社会是一个"无宗族的社会"。

虽然是一个"无宗族的社会"，但东北汉人社会依旧是传统中国的父系社会，但这种父系社会的亲属制度又不同于中国其他地区，不是内容的不同而是组成部分的地位不同。在东北汉人社会中，由于没有宗亲，自东北汉人社会形成之初，人们就更多地依赖于姻亲和其他非亲属关系，无论是生产还是生活，尤其是近年来妇女在家庭中的作用越来越突出，推动了姻亲在东北汉人社会亲属中的地位，甚至在某些方面如生活合作上成为首选。

第四章 上帝与祖先之间

东北原是满族的龙兴之地，因而通古斯语族尤其是满族文化对该地影响很大，并且由于这是个移民社会，移民也会把祖籍地的生活和习俗带来，这样两种不同的文化交汇于此，形成了一条独特的信仰体系。

拉拉屯居民都是汉族人，但从该县的历史和文化传统来看，很多习俗都受到周围少数民族的影响[1]，例如方言：

叨咕——说	鼓捣——收拾	栽楞——斜
扎古——治病	毛楞——不稳重	邪乎——大惊小怪
奔儿娄——前额	虎拉巴基——傻	整个浪儿——全部

除了语言外，拉拉屯还能看到信仰方面通古斯语族文化的显著影响，如地仙信仰，就是萨满教与关内信仰的一种结合体。虽然拉拉屯作为一个汉族村落，有部分村民信仰观音和财神，但不是拉拉屯的主要信仰，最主要的信仰是地仙信仰中的"保家仙"；还有7个妇女信仰基督教，以及部分家庭还供奉观音和财神。

第一节 祖先：拉拉屯的本土信仰

拉拉屯的本土信仰主要包括两个部分：东北地区独有的地仙信仰和汉族的观音与财神信仰。地仙信仰分为两种，即保家仙和出堂仙（俗称出马的）信仰，保家仙主要是指胡（通狐）、黄、常（通长）、孟（通蟒）、青，对应着五种仙，即狐狸、黄鼠狼、蛇、蟒和祖先，这些仙又由于各家的情况不同而分为不同层次，并且根据各家祈求什么来主供那种仙家里的主管仙，如当大仙认为你家应该供狐

---

[1] 参见周振鹤、游汝杰：《方言与中国文化》，上海：上海人民出版社 2008 年版。

仙的话，而你求的是祛病的，就应该主供胡金花；出堂仙主要用于给别人看病的仙家。拉拉屯常住 125 户，其中有七成支系供奉"保家仙"，据村民介绍：保家仙主要是供奉胡三太奶和胡三太爷，他们保佑这一家人的平安。一般一个支系只能有一家供奉。

据刘正爱分析：长期以来东北地区作为满汉民族杂居的地区，从八旗制度建立起始，就不断有移民流入东北加入八旗，而东北地区内部也频繁发生人口迁移的现象，这样保家仙一路守护祖先迁移的故事便成了家族历史记忆中的主要内容之一，保家仙也就代替了祖先的位置成了凝聚家族成员的主要力量。[1] 胡黄二仙信仰在山东也存在，其作用和南方的五猖神类似，只不过这些移民到达东北地区后又添加了祖先崇拜，使得保家仙的内容更加丰富，并且在东北地区代替了族谱，在祭祀祖先的时候代替了祖先而成为家里的主要偶像。拉拉屯很多支系都供奉保家仙，但没有一家有完整的族谱，即使是简单的一幅家谱图也没有，移民的经历使得他们与自己的家族脱离了关系，因而在当地没有如南方那么盛行的祖先崇拜，从另一个侧面也就说明了为什么这里的保家仙信仰这么盛行。

图 4-1　春节期间徐 ZB 家的保家仙

注：放保家仙的柜子门一直都是关着的。

拉拉屯虽然没有正统的祖先崇拜，但当地人眼中坟地即墓地成为凝结一个家族的物质存在。正如传统中国"事死如生"的观念，地仙信仰中十分重视对死者后事的安排，拉拉屯主要有两块坟地：一是在村北面靠近乌裕尔河的南岸，属于合心二队的；另一块在村西的草甸上，乌裕尔河的南岸，属于合心三队的，虽然

---

[1]　刘正爱：《东北地区地仙信仰的人类学研究》，载《广西民族大学学报》2007 年第 3 期。

拉拉屯的每个支系没有独立的坟地，但至少这公共坟地中某个区域是某一支系专属的，人们按照长幼顺序排列死者的墓穴，习惯上是这个支系死者辈分最高的在自家坟地的最西边，以此往东推，同一辈分在同一排，长幼按照从左到右排列，长子的墓穴要顶着父辈墓穴的"左脚"。这种排列深受通古斯语族的影响，他们认为自己的祖先是从西边或西伯利亚迁移来的，死者的灵魂最终要回到祖先的聚居地，留下了西方为大的观念。克山县从20年代90年代开始实行火葬，之前人们一直都是土葬，虽然偶尔也有人家偷偷摸摸土葬，但近两年没有一家土葬。对于那些未成年人的夭折或者"横死的"，家里不会举办隆重的仪式，一般是在坟地里随便找个地方由家人草草埋了，大家相信这些人是死后不能和祖先见面的。实行火葬后人们有的会把骨灰盒寄存在殡仪馆再葬在自己的坟地，有的直接就葬自家的坟地里了。

部分村民也有供奉观音、财神等，据调查供观音的大概有7家，这些人家供奉观音都是有"说道"[1]的。以程WY家为例：

> 当年家里小儿子不到两岁的时候，天天晚上哭，去妇幼医院看了也不好，后来经人介绍去县城一个算卦的，大家叫他王瞎子的，他说：我家祖上有人是和尚，在寺院的时候喝酒，对观音大士不敬，现在观音找到你家孩子身上了，你要去请个观音在家里供上，这样才能保孩子平安。就这样我请了观音，孩子病好了，也就一直供下来了。

图4-2　正屋柜橱上的观音　　　　图4-3　正屋供奉的财神

而财神相比较来说就有很多，尤其是近年来市场经济的冲击，人们对致富更

---

[1]　一般都是家人有病或者祈求什么，经人指点后才开始供。

加渴求，因而即使没有人来送财神也会在集市上卖对联的地方买个财神画回来。前几年，每到年前都会有一些老人挨家送财神，主人是不能随意拒绝的，因为不收财神就相当于你家拒绝财神了，那明年肯定不会发财的，这是一个不好的兆头，所以很多村民都有几张财神，而主人对于送财神的要给一定的补偿，现在一般都是现金，当然这个现金也和财神画的质量有关，但总体来说都要比集市上销售的支付的现金要多，毕竟老人家直接给你送到家门口了，或许人们也相信支付的现金越多财神也越重视该家，一般都在5—10元甚至更多。一张财神画，以红色为主色调，财神爷端坐正中，配以如意、金银、聚宝盆以及善财童子。这些财神画被当作年画贴在房间显眼的墙上，一个房间甚至有几张财神。

一个有意思的现象是：保家仙都供奉在人们不常去并且外人不易发现的地方，有些还是在柜子里，这些柜子很少打开；而观音则放在正堂（厅）中，很多家都在前面摆放塑料花或香炉。笔者认为：这其中原因可能是与狐狸的生活习性有关，它们都怕人，并且生活在偏潮湿的地方。而我们从中国信仰的研究来看，一般的城隍、关帝等被官方所认可的信仰都光明正大地摆放在显耀的位置，而一些允许家里供奉的如观音、财神、碧霞元君等都被官方钦封过，一般都在厅堂里或显眼的位置，而那些只是受地方崇拜而不被官方认可的神（所谓的淫祠，正如本书的保家仙）则是偷偷摸摸地敬拜，当然也就不能供在正堂之中。

农历（阴历）作为乡村社会主要计时历法，这些本土信仰的仪式也都是以农历时间来展开，按照一年的时间来看，拉拉屯的本土信仰主要集中以下几大节日。

1.除　夕

腊月三十是中国人的春节，这一天不仅是人间的日子，同时也是另一个"世界"的人的日子，他们要享受人间供奉给他们的食物甚至一些神灵还要与人同乐。笔者自小在东北农村长大，在记忆里，除夕白天每家（支系）要摆上"老祖宗"[1]，晚上由这个支系比较懂规矩的长辈，带着晚辈去"小庙"把祖先接回家一起过年，直接迎到老祖宗的面前，接着全家男人都要在"老祖宗"面前磕头行礼。以后每天吃饭的时候都要把家里最好的食物摆放在"老祖宗"面前，家里的男人都要到"老

[1]　就是一种简易的族谱，用一张底色为红色的纸，最上面写着这个支系里人们记忆里最早的那个人的名字以及他的配偶，东北农村最多也只能追忆到上五代，把那些死去已婚的家人写在上面，人们俗称为"老祖宗"。

祖宗"前面下跪行礼，一些外姓人来到这家，有的时候也会行礼，主要看这个人与该家的关系，摆放过的食物一般都给家里的老人和孩子食用，人们认为这些食物是具有保护食用者的作用。初五晚上再由这些人把祖先送到小庙让他们回到自己的生活世界。拉拉屯还没有一家有这个仪式，因而除夕主要就是供奉"保家仙"，一家或几家把自己的食物，主要有肉、酒、糕点等，摆放在保家仙面前，但不是家里所有的男人都参加这个仪式，只是一些长辈。除夕夜里的饺子也必须要给"老祖宗"和"保家仙"上供的。并且在春节前每家都要去坟地给死者上坟烧纸[1]，让死者有钱购置年货。这个活动是每个家庭可以单独展开的，那些在外地不能回家亲自到坟前烧纸的则就近在十字路口烧纸给死去的亲人，但黄纸上要像人间邮寄信件一样，写上死者坟地所在地。

2. 元宵节（正月十五）

拉拉屯村民主要就是要去坟地，给死去的亲人送灯，以前灯是用罐头瓶里装上蜡烛，现在都改用电池加上一个小灯泡制成的。一些人家也会用废柴油拌些豆菜来撒灯，每隔几米一堆，直到村里的水井或小河边，这样既可以驱鬼日子也才会红火。

3. 清明、鬼节（七月十五）

这天是给死者送钱的日子，村民们会到坟前烧纸，顺便在坟头上压上一张新的黄纸，还要把坟周围的野草铲掉，给坟添上一些新土。在坟前正南方画一个圆圈，黄纸都在这个里面烧掉这个坟里死者才能得到，同时也会扔出一张黄纸在圈外烧掉，当地人称为打理"外鬼"[2]，不让那些野鬼来抢夺自家祖先的钱财。

与这些民间宗教相比，观音的时间就是以每个月的初一和十五为主，因而当地人有中说法，"初一一次十五一次"，意思是敬拜不诚心，只是注意了形式。而用的供品主要是水果和烧香，人们也不常磕头，主要是鞠躬三次。对于财神没有明确的祭礼，由于这个是张贴在墙上的，人们除了装饰房屋，就是不允许在画上涂抹和撕毁，当旧的被换下来的时候，人们更多的是烧掉旧的财神，类似于灶王，如果财神是有神像的，则是每天或者初一十五上香、摆放供品就可以了。

---

[1]　当地人认为烧纸就是给死者送钱，尤其是年节的时候就是让死者有钱买东西。

[2]　当地人认为很多死者是没有后人的，或者是横死没人祭奠及时给烧纸的，他们时常会出来抢自己祖先的钱，因而为了不让他们侵犯自己的祖先，每次烧纸的时候都要扔出去几张给这些外鬼。

第二节　上帝：拉拉屯的基督教

《克山县志》上记载：1924 年在由职业牧师张 ZA 组织教会，到 1937 年克山县有基督教会 2 处，信教者 141 人。[1]2000 年全县有基督徒 2 101 人，四处"道场"[2]。克山县城内有 5 处聚会点，乡镇也有 3 处。[3]虽然当地农村教徒认为：这个数字明显低，登记的都是那些教会的牧师和同工，而其他信徒基本上都处于"灰色地带"[4]。但这个数字的变化也印证了东北信徒中的 93.5% 都是 1993 年之后信仰的。[5]据克山县河南教区的曹 XF 姊妹介绍，她是 1988 年入教的，当时河南只有不到 10 个人，现在仅河南教区 [6] 至少有 500 人。整个克山还有古城、古北、西联、河北等 9 个教区，所以总人数应该在八九千人。

黑龙江社会科学院哲学所崔晓天研究员认为：改革开放之后，黑龙江的基督教主要有三个部分：一是早期传教士遗留下来的一部分信徒，后发展起来的；二是由韩国等境外传入该地并发展起来的；三是由温州教会派人传教并资助黑龙江教徒而发展起来。[7]而对于克山基督教的发展，克山县有名的信徒曹 XF 说：

> 我们是受到齐齐哈尔的王牧师影响而信主的，这些牧师又主要是受温州教会影响，他们派人来传教，后来在经济上支持本地信徒发展。比如我上次去秦皇岛传道往返路费虽说是由齐齐哈尔教会资助，但最终还是温州一些企业家教徒提供。

据调查：拉拉屯的第一个信徒就是方婶，她是 2005 年开始信仰，其他 6 个都在她之后，最近一个信徒是单奶奶，她是 2009 年春节后入教的；7 个信徒均为

---

[1]　《克山县县志》，北京：中国经济出版社 1985 年版，第 732 页。

[2]　该处的道场来自于县志原文，实则为基督教的聚会点。

[3]　《克山县县志》，哈尔滨：黑龙江人民出版社 2005 年版，第 630 页。这里的数据只是记载登记的教徒和教会，而在广大东北农村其实人数要远多于这个数字。

[4]　参见 [美] 杨凤岗：《中国宗教的三色市场》，载《中国农业大学学报》（人文社科版）2008 年第 12 期。

[5]　《中国宗教报告 2010》，http://iwr.cass.cn/xw/201008/t20100813_4445.htm。

[6]　教区并不是基督新教中的概念，但此处用教区主要是采用当地基督教徒的称呼。

[7]　2009 年 7 月在哈尔滨对崔晓天的访谈。

女性，年龄都在 40 岁以上，最大是单奶奶 79 岁。7 个人是方婶 [1]、单奶奶、李 CX（方 Q 媳妇）、曲 YF、闫 HJ、李 CH、刘 WH。单奶奶由于和村里的老户闫 XF 的老婆是表姐妹，方婶称其为"三姑"，村里很多五六十岁的人都这样称呼她，闫 HJ 称单奶奶为姨奶；李 CX 和李 CH 是姐妹；刘 WH 又称李 CH 为表婶；曲家是村里老户，方婶称其为老姐。这几个人中，方婶属于城南邓姊妹家教会，李 CH、李 CX、刘 WH 属于 SH 乡政府的孙姊妹家的教会；在 2007 年方婶因家事近一年没管理教会，单奶奶、闫 HJ、曲 YF 就是这个时候发展的 3 个教友并受洗。

一、主的仆人

徐 SH（即方婶）1969 年经由徐 SY 的介绍，嫁给克山县城东村民赵 SS，育有三个儿子，三个儿子分别于 1988 年、1993 年、1995 年结婚，大儿媳李 CX 是城东村的姑娘；二儿媳张 SH 是拉拉屯前村的张某的女儿，张 SH 也是张 YC（徐 SH 的姐夫）的侄女；三儿媳是克山县古城人，其娘家在城北住，与二儿子（赵 B）家是邻居。现在大儿子（赵 H）家在烟台打工，二儿子家住在克山县城北，小儿子（赵 K）家在秦皇岛打工。1969 年，徐 SH 与赵 SS 结婚后一年分家单过，赵 SS 家一直没有正经从事农业耕种，而是养奶牛，赵某早晨去县城送奶，之后回来替换徐 SH 去放牛，徐 SH 在收拾家屋、照顾孩子并且每年都会养头猪，东北称为"年猪"[2]。从 1994 年开始，赵家去大连市场卖菜，当最后一个儿子结婚后，徐 SH 夫妇回到城东村生活，每年就是在秋冬时节，赵 SS 往大连运输几次蔬菜或从大连拉鱼回来销售，虽然每次都赚些钱，但由于和儿子家合伙，因而利润大部分都归儿子家了，徐 SH 夫妇生活还算过得去，但 1998 年，赵 SS 由于不满意徐 SH 管钱太严，自己没有任何支配的自由，因而在秋天拉车菜去大连后就没有回来，后来孩子们告诉徐 SH：赵 SS 在大连和一个寡妇一起生活了，徐 SH 自己单独生活一年后，在三儿子家生活了三年，但和儿媳相处总是产生矛盾，最后在 2003 年经徐 ZB 媳妇和梁 JC 介绍嫁给方叔，在方叔的原配去世一百天后办理结婚仪式。之后大家都习惯上称徐 SH 为方婶或方大嫂。赵 SS 则和那个女人生活在大连。

---

[1] 东北农村习惯上称呼已婚妇女用丈夫家的姓，因而方婶本姓徐，嫁给方 SG 后大家称呼她为方婶。

[2] 一般情况是每年春三四月买个猪仔，养到入冬即十二月杀掉，大概到二月二吃猪头的时候，猪肉基本上不会剩下太多。

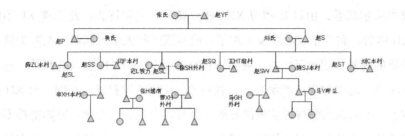

图 4-4 赵家的系谱图

徐 SH 结婚后两个月，方叔的大儿子方 C 从黑河回拉拉屯生活，由于没有房子，住在方家的西屋，各自开伙，大家开始的时候只是说过段时间就搬出去，但四个月后还没有搬出去的迹象。用方家的柴火和水电，并且从来没说要负担电费的意思，最终两家人因为电费大吵一次，几天后方 C 搬出了西屋。2007 年方婶方叔曾去天津给女儿看店面，方 Q 没经方婶允许动用了家里很多的东西，方婶回来后因为这件事和方 Q 两口子也闹翻了。这样方婶就和方叔的孩子关系有点僵，甚至过年的时候都不来往。二儿子赵 B 媳妇虽然和方婶也曾经争吵过，但自从方婶再嫁后，赵 B 还是经常来看她的。自从徐 SH 与赵 SS 离异后，身体健康状况下降，小毛病时常发作，因而每年仅村里程大夫的医药费支出就要 2 000 多元，再婚后，由于方叔之前曾在乡政府和村里当过领导，为非农业户口，家里就 6 亩地 [1]，并且租种给别人，因而方婶就是做饭、伺弄菜园子等家务。方叔当村长时，家里的吃穿一点都不愁，年节的时候，村民送点礼丰富了方家的年节生活。方叔的前妻病倒十几年，方叔已经会自己料理简单的家务，现在的家务事对于方婶来说，很轻松，因而在农闲尤其是冬天，拉拉屯里的一些妇女甚至是老爷们开始打麻将，方婶经常是一天两个八圈 [2]，因而时间久，脖子自然疼，去县城医院看只是说骨质增生，因而麻将几乎不打了，但颈椎问题还没有减轻，程大夫也没有什么办法，只是给方婶开了一些中药汤剂。最后方婶在儿媳妇曹 XH 的劝说下，信教了。之

---

[1] 由于当地采取的三十年不变的土地政策，就有生不添死不去的说法，方婶的土地还在赵家由二儿子种，赵 B 每家给方婶 1 000 元，算是租种了。

[2] 冬天的东北农民吃两顿饭，上午九点和下午三点左右，晚上八点左右就睡觉了。因而空出两个时间段。

所以信，是因为 2003 年初，曹 XH 早晨起来干活，脖子突然疼得受不了了，县医院说要去哈尔滨看。由赵 K 和曹 XF（基督徒）一起陪同去，路上曹 XF 不停地为曹 XH 祷告，到哈尔滨后颈椎不疼了，哈尔滨医科大学附属第一医院也就是给开点简单的药就让回家了，后来在曹 XF 的劝说下，曹 XH 加入基督教，连两个孩子也和她一起参加周日的聚会。信教后曹 XH 再也没犯过这个病。曹 XH 就更加心诚了，不断地向邻居说信教的好处，并且以自己为例说明，方婶抵挡不住儿媳妇的猛烈"说教"，在她的劝说以及自己的见证下，方婶信教了，就在城南邓姊妹家聚会。至少每周日上午参加一次聚会。

村里的闫 HJ 是"文化大革命"时期的高中生，村民说她是"大学漏子"，嫁到拉拉屯后，一直对于自己没有考取大学心里很郁闷，加上身体一直都不好，去了很多医院吃了药没有任何效果，只能从事简单的家务活，和村民也没有太多的往来，其丈夫 2002 年得了脑血栓，加上自己也体弱多病，孩子们都外出打工，无人照顾他们。在一次去赶集的时候，碰到小学同学孙 FY，在这个小学同学的劝说下，多次参加教会后信了主，她的丈夫在 2007 年能自己走了，还能在砖厂干点简单活，因而她逢人就说：信主好，能治病，你看我家孩子他爸……

李 CX（方 Q）有肝炎，什么重活都不能做，常年在家做点饭，家里经济来源主要依靠方 Q 贩运河沙。由于闫 HJ 和李 CX 是邻居，并且是远房亲属关系，因而在闫 HJ 的介绍下，2008 年春一次和闫 HJ 去赶集，也顺便参加孙姊妹家的教会，大家非常热情地和她聊天，并且给她讲了白城一个肝炎的教友，信主后阳性转阴性并且身体也一天天强起来，回来的路上闫 HJ 又不断地劝说，信了也没什么不好，也不耽误家里的活，李 CX 也见证了闫 HJ 的丈夫逐渐好起来的经过，以后每周都和闫 HJ 去参加查经会。其姐姐嫁给了拉拉屯张 C，两个姐妹都是临县嫁过来的，拉拉屯只有其叔叔李 CF 在此村生活，因而平时她们不大和村里人交往，姐妹都加入了基督教，开始的时候参加河南孙姊妹家聚会。

刘 WH 的丈夫 2002 年去世，五个女儿都已经出嫁，独自领着大儿子生活，大儿子自小常"抽风"（癫痫病），没有结婚，自小就请"大神"来治病，但一直没有治好。刘 WH 介绍她信教的经历时说：

> 2006 年夏天方婶教会的王姊妹给儿媳妇买"本地鸡蛋"吃，徐 SH（方婶）打听到我家有，正好第二天我去县城办事，就直接把鸡蛋送到了王家，

王姊妹非要我进屋喝口水，聊天的时候王姊妹得知我生孩子的时候留下了毛病，就送给我一些专用的药，并告诉我，她们聚会时候，教会里的姊妹都给我祷告，肯定我的病很快就好，并送给我一本圣经让我回去看看。果真一个星期后再下雨，我就没感觉了，并且抱柴火腰也不疼了。我把这事告诉了徐 SH，她说这都是主的保佑，她们聚会快完的时候，每个人都为你祷告了。后来徐 SH 带着王姊妹又来了我家几次，帮我收拾屋子、伺弄园子，还在我家唱赞美诗，听了一遍我就会唱了，大家都说我对主有感情，最后我把西屋那些魔鬼都扔出去了，就跟着她们信了主。

2007 年，曲 YF 的丈夫曹 ZG 在前面的砖厂加夜班，回来的时候，被路上的车撞死，虽然后来那个人赔了 12 万元，但儿子媳妇非要曲 YF 把 12 万赔偿金存款折的户名写曹 B（曲 YF 的儿子），因为这个户名的事，儿媳妇回家最后一个人回到沈阳他们打工的地方，"三七"后曹 B 也去了沈阳，家里留下曲 YF 和小孙女。在这种情况下，方婶每次去打麻将，路过曲 YF 家，看到她都会停留下，和她闲聊几句，并且两个人都和儿媳妇不合，因而在感情上很容易产生共鸣，一来二去，曲 YF 知道方婶自从信了主，心情好很多，每周聚会也还能顺便去县城买点东西，最后她主动要求加入基督教。

刘 WH 从小就和方婶是好姐妹，后来她嫁给拉拉屯的任家，2006 年，丈夫和儿子去大连打工，但儿子洗海澡不幸遇难，儿媳第二年也改嫁了，现在家里就剩下老俩口，老头在县城打更，平时也就是前村的女儿来看下他们，但农忙的时候，刘 WH 常看方婶打麻将，方婶劝其信主，这样能得平安，死后能进天堂，因为刘 WH 在儿子去世后就说这家彻底没了，自己死后都没人给"送钱"了。在好友的游说下，偶尔也和方婶骑车去邓姊妹家，但冬天的时候，她不敢骑车，因而只是圣诞节和过年前参加一两次。

1997 年单爷爷去世后，单奶奶就把家里的财政大权交给了小儿媳，年纪大了，手也开始抖，家里的活计根本做不了。单家是山东人，规矩比较多，对儿媳妇管得很严，因而单爷爷一去世，单奶奶身体也不好就成了家里吃闲饭的，儿媳妇一天都不和她说一句话。2004 年还查出了糖尿病，虽然单奶奶吃穿不愁，但总是说自己就是混吃等死，什么也不怕了。但每天家里就是她一个人，连个说话的人都没有，常坐在大门口和村里人闲聊，单奶奶是看着方婶长大的，每次都叫方婶为二丫头，方婶也近六十岁，经历这么多的世事，和单奶奶自然多了很多的话题，2007 年方家放教会后，方婶看到单奶奶每天一个人无聊，就让单奶奶周日去她家参加教会 [1]，可以和大家闲聊一上午，但大家认为单奶奶腿脚不灵活，可以不跪拜，只要能按时参加查经就可以了，单奶奶最终成为教会的一员。

2007 年，由于拉拉屯的信徒已经有 6 个人了，最后孙姊妹认为可以在方婶家每周日聚会，带导的教友由附近教会派人来，夏天一般是早晨六点开始至九点结束，秋冬季节则推迟到八点到十一点半，方叔还特意给大家做了小板凳，方婶做了坐垫，查经可以坐着祷告也可以跪在坐垫上。李 CH 按时来去，对方婶客客气气的，相反其他人和方婶有说有笑，夏天"带导的"不吃饭就回家，冬天方婶也让某个人留下陪带导的在家吃饭，留李 CH 几次都说家里有事推脱了。在秋天的时候，拉拉屯几个新信徒也都洗礼了，从慕道的成为信徒。这样一直持续到年前，方婶他们去天津给女儿看店，在天气转暖的时候拉拉屯的信徒也基本上不参加教会查经了，但她们还是时常和其他信徒联系，也认为自己是基督徒，不参加敬拜魔鬼的活动，有时也会参加圣诞节演出。

二、基督教的传播及现状

我们从拉拉屯 7 个基督徒身上，看到目前基督教传播主要依靠亲属和朋友关系，但中国东北汉人社会是一个无宗族的社会，因而姻亲地位突然，妇女在家庭日常生活中的行动频率很高，并且由于妇女积极地建构自己的生活家庭，因而在日常生活中，很多事件都是由妇女来实践的，甚至是一些妇女成为家庭的后台权力。东北汉人社会里，妇女及其社会网络成为基督教传播的主要渠道。

从信教的主要动因来看，治病居首位。该地的教会承认信教有助于治病，但不否认得病的时候首先选择去医院，但对一些如癌症这些不治之症，教会会主张让大家查经时候一起为之祷告。同时，教徒在讲见证的时候，会用很多奇迹来吸引慕道者加入。2010 年春节前一周的查经会上，孙姊妹讲的见证：

> 海拉尔有个姊妹，丈夫出外打工，家里只剩下儿子和她，孩子不到
> 十岁，有一天孩子高兴地回家对这个姊妹说：他捡到一块铁，刚才抱着

---

[1] 2007 年 5 月拉拉屯信教的人数已经有 6 个了，河南教会就在方婶家设一个聚会场所。

放在房门外了，她出去一看，这不是"炸子"（炮弹）吗。告诉儿子赶
快跑，可是这个时候，已经爆炸了，房盖都掀起来了，屋地有半米一个
坑，她醒来的时候儿子耳朵鼻子嘴都在流血，在大伙帮助下，送到医院，
最后儿子只是听力有点影响，感谢主，上次我在北京见到这个姊妹说，
儿子学了维修，现在在一家电脑公司做售后，感谢主，这不都是耶稣的
保佑……

通过近两年的调查，这7个信徒的信教的原因可归纳为：

表4-1 信教原因分布

信教原因＼人物	方婶	单奶奶	曲YF	闫HJ	李CX	李CH	刘WH
疾 病	√	√		√	√		√
家庭关系不睦	√	√	√			√	
灾 难	√		√				√
其 他					√	√	

2008年春节前，方婶和方叔去天津给方叔的大女儿家看小店，拉拉屯的教会
因而就解散了，等2009年方婶回来的时候，再召集大家来聚会，就没有人参加了，
最后方婶只有去县城邓姊妹家聚会。夏天几乎每周日都去，冬天能保证每个月至
少一次聚会。村里的其他信徒，李姐妹两个几乎不参加教会活动了，但还自认为
是教徒；闫HJ出去打工了；刘WH和单奶奶只是偶尔到方婶家听下传教以及观
看圣诞节演出的碟片，不参加任何活动。曲YF则说：

我有时候参加乡政府孙姊妹家的，这样也正好赶集买点东西，多方便。
曹B和他媳妇都出去打工，我要带孙女，孩子一会都离不开，哪有那个
时间去县城啊！

方婶介绍说：2008年成立教会的时候，我们还参加了降生节（即圣诞节）
演出，除了三姑外，其他人都参加了，现在这些人连平时的查经都不参加了，背离主了。

从参加教会活动的情况来看，拉拉屯只有方婶算一个稳定的教徒，其他人都
处于一个游离状态。但至少目前在拉拉屯生活的6个教徒都没有否认教徒的身份，
只是为自己不参加教会找出各种不同的理由，问到信教有什么好处的时候，大家
回答几乎都在表达这个意思，即心情好点，找个说话的对象，其他没什么效果。

当地基督教主要有两个节日：复活节和降生节。复活节在公历4月4日，这一天大家会在教会聚会，齐齐哈尔会派牧师给大家带导，有三个主要活动：一是带领大家查经；二是吃圣餐，当地教徒称为吃主肉、喝主血，即吃大饼和喝葡萄酒，在牧师的带领下，集体唱圣歌后大家分吃圣餐；三是给信徒进行洗礼仪式，当地主要实行的是点水礼，方婶2005年在邓姊妹家受洗；其他6人是2008年在方婶家由曹姊妹给大家受洗的。相比较来说，降生节更为重要，因为各教会都会在12月初就开始准备表演节目，一般都是歌舞，有的教会由于有男信徒和小孩子，因而节目会更丰富些，如相声、三句半、小品等。笔者2010年跟踪调查了河南教区的降生节活动，方婶于12月25日早晨六点坐小巴去河南胜利，而一些年纪大的信徒在24日晚上就去胜利的鲁弟兄家。

25日早晨六点，零下23℃，很多信徒从河南不同地方陆续赶来，八点半在曹姊妹（方婶儿媳妇的姐姐）的主持下，降生节的演出正式开始。赵弟兄带领大家诵读一段圣经中的诗篇，在大家的"阿门"的唱和中结束短暂的开场白。

图4-5 降生节开幕祷告

图4-6 歌舞表演

图4-7 三句半表演

图4-8 诗朗诵表演

节目内容可谓是丰富多彩，女教徒的歌舞表演最多，不仅有传统的还有现代，其间也有弟兄们准备的集体朗诵、小孩子们的三句半，虽然大家穿着很朴素，但内容都是贴近生活，表演者惟妙惟肖的表演让大家忍俊不止，每个人都认真而且热烈地表达着庆祝降生节、赞美耶稣的情感。

　　方婶他们的两个节目排在十点五十和十一点五十两个时间，正好大家可以互相窜换表演服装。第一个节目是《今天是圣诞节》，歌曲来于大家查经时常常演唱的，但这次加上了舞蹈的配合；第二个是《军中姐妹》，节目前半部朗诵引自迦南诗选第150首，后半段是借用革命歌曲《紧握手中的枪》的曲调，填上新词。

图4-9　《今天是圣诞节》表演　　　　图4-10　《军中姐妹》表演

　　近十二点半，最后一个节目结束后，鲁弟兄上台宣布到此为止，在他领着大家进行"带导"：

　　　　创造荣耀前提的光明的主——耶稣，阿门；

　　　　我们感谢你、赞美你，阿门；

　　　　一切荣耀、圣战、潜能都归耶稣，阿门；

　　　　因你的看顾和保守，阿门；

　　　　让弟兄姊妹都在这同心赞美你，阿门；

　　　　来诉说你的荣耀，阿门；

　　　　得到你的看顾和保守，阿门；

　　　　让耶稣基督在光明之上，阿门

　　　　在你的思想体会，阿门；

　　　　让同胞的身体，阿门；

　　　　平平安安带来，平平安安带回，阿门；

　　　　愿耶稣与我们同在，同样保守我们，阿门；

　　　　愿教会得到复兴，阿门；

　　　　愿我们的家庭得到复兴，阿门；

　　　　耶稣在我们心里找到位置，阿门；

　　　　在你的保守和带领，释放自己的能量，阿门；

耶稣教导我们说：

（大家齐声朗诵道）我们在天上的父，愿人都尊父的名为圣，愿父
的国降临，愿父的旨意行在地上如同行在天上；我们日用的饮食，今日
赐给我们，免了我们的债如同我们免了人的债；不叫我们预见、试探，
叫我们脱离罪恶，因为国度、权柄、荣耀全是父的，直到永远

阿门。[1]

克山的基督教除了以上两个节日外，在主日单上还有"受难日"和"新年蒙恩"，
但由于受难日和复活节相差三天，并且新年对于农民来讲远远不如春节重要，因
而对于拉拉屯的信徒来说，也只是两个重要的节日。圣事[2]也是基督教重要的礼仪，
基督教圣事主要包括洗礼、圣餐和婚礼，除了这些圣事礼仪外还有斋戒、念经祷
告、驱邪、祈祷和丧礼等非圣事礼仪，但在现实中，拉拉屯的信徒圣事礼仪基本
按照当地教会的要求做到，但一些非圣事礼仪则主要是依靠个人的信仰觉悟而定，
很多礼仪都集中在教会内部和一些偶像崇拜上，因而一些村民认为：

这些信教的，平时的生活并没有和大家有什么区别，就是她们从来
不上坟，并且家里不让供保家仙和"老祖宗"，有时候在和你聊天的时
候情不自禁会说"感谢主"。

她们根本就不是信教的，你看电视里的基督教，每周都去教堂，还
定期有什么活动，你再看她们几个，和村里妇女有什么差别，打麻将的有，
骂大街（gāi）还有，顶多就是她们不上坟、不拜老祖宗，说这是魔鬼。

我觉得这些信教的和我们没什么不一样，你看方婶还打麻将呢，并
且输钱从来都不给我，还有我有一天还看到李 CH 骂她家孩子呢？

信教后，可能还是有点变化的，刘 WH 现在就比以前对婆婆好了，

---

[1]　这里的"阿门"都是众人齐声呼应带导人的话语。

[2]　基督教的圣事或圣礼，是借助可见的形式或表象将不可见的神恩赋予领受者。基督教
认为，圣事是由耶稣基督亲自制定的礼仪，是具有法术性质的崇拜礼仪。根据基督教的教义，举
行圣事可使人得到某种超自然的神奇力量，凡诚心领受者皆能获得。举行圣事一般都按规定的仪
式进行。教会把圣事当作巩固和发展宗教信仰的方式。基督教的圣事因教派不同而有所不同。天
主教和东正教承认七件圣事，即洗礼、坚振、告解、圣体（东正教称圣体血）、终傅、神品和婚配。

不像以前整天把家闹得鸡刨狗跳的，人家俩口子现在多和气，她老婆婆逢人就夸媳妇孝顺了，知道心疼家人了。[1]

当问方婶，信徒与村民的区别，方婶说：

> 他们拜魔鬼，我们只敬拜主；死人的时候，他们又哭又叫，我们都很高兴，进天堂有什么哭的；那些人平时对公婆不孝顺，你看我们就没有，以前刘 WH 对婆婆不好，自从信了主，你看她和婆婆关系多好，她婆婆逢人就夸媳妇变好了，我们不让去上坟，不供保家仙……

当问"在日常生活里有什么不同吗？"时，方婶说：

> 没什么，都一样干活做饭。

因而我们从表面上看基督徒和村民在日常生活中并没有表现出很大的不同，正如村民们所说：只是不让敬拜偶像而已。中国的基督教同亲属制度并没有相互的排斥，亲属成为基督教在中国传播的主要渠道，而它们之间的冲突主要表现在一神与多神、敬拜上帝与敬拜偶像（基督徒称为魔鬼）。

三、"自给"的教会

中国基督教在本色化的过程中，提出了"自传、自养、自立"的方针。针对于经济上的"自养"，中国教会首先思考：差会在中国拥有大量的财产是否移交，怎样移交给中国基督教，教会与差会合并后，是否接受捐款、如何运用这些捐款等系列问题。[2] 前文我们讲到东北的基督教主要有三个源头，韩国和南方基督教会都会通过各种渠道给予当地教会一定的资助，但这些资助主要都留在大城市，而克山教会所得无几，该地的富人也从来没有资助过这些教会，这些乡村基督教会几乎没有得到任何的政府资助，进而这些乡村基督教会都声明：我们支持共产党的领导，但我们和"三自"没有任何关系。这些乡村基督教会的资金来源主要是教徒的捐款，据介绍：甘南的郭某家的教会按照圣经的要求，教徒要交纳"什一税"，这样使得该教会翻盖了新教堂，最多可以容纳几百人食宿。而克山乡村虽然在古城、北兴也有教堂，但河南教区都是聚会点的形式，其日常运行所需要

---

[1] 2010 年 12 月在拉拉屯徐 ZB 家访谈资料。

[2] 徐宏：《中国基督教对非基督教运动的回应和本色花运动（1924-1930）》，北京：中国社科院研究院 2003 年硕士学位论文。

的资金完全来自于信徒的捐款和所在家庭的资助，信徒捐款也不是每月都有，邓姊妹聚会点主要集中在复活节和圣诞节。据方婶介绍：

> 我们在复活节洗礼后，要散的时候，把钱偷偷地塞给邓姊妹，每个人具体给多少都不知道，但都不会太多，我复活节一般就是五块钱，圣诞节我们要半个月在邓姊妹家练节目，我会多给一些，一般要给二十元。剩下我们这些在邓姊妹家吃饭的（教友）也要给邓姊妹家买挂面和青菜。夏天，我也会把园子里的茄子辣椒苞米（玉米）给她家，每年都会有三四次。

从方婶的介绍来看，这些聚会点主要是依靠信徒的捐款来维持日常生活，而这些捐款也主要由教会所在家庭的信徒来掌管，对于捐款的数目以及支出没有其他人知晓，完全是由邓姊妹支配。如果我们从方婶的捐款来推导，一年邓姊妹聚会点的捐款大约为 5 000 元，而真正用于对教会的支出仅是每周邓家给查经准备的房间、邓姊妹来往各教会之间的路费以及查经期间的茶水和聚会用具如复活节上的酒和饼等，教徒对这部分捐款的去向也并不明确。并且该地的信徒都是普通民众，一些大企业主对基督教并不感兴趣，教会也并没有对社会上层民众做出积极的吸纳，使得当地的基督教会根本没有教会之外的人的捐助。此外，基督教在西方传播的时候，力主破坏当地的亲属制度其目的是不致于土地等财产在亲属内部流通，而且一些人如果没有继承人可以顺理成章地把财产捐赠给教会，这样就使得教会成为最大的地主，而该地的教会至今还没有出现把财产赠给教会的先例，即便是一些拥有教堂等"公共场所"的教会，这些公共场合也都在个人的名义之下，这不仅是由中国社会制度决定的，也是由于这些教会完全是依靠个人的"卡里斯玛"建立起来，没有一个个人之外的公共的权威机构，因而教会仅凭借教会内部信徒的捐赠也只能艰难维持教会的日常开销，对于信徒以及教会以外的事务显得漠不关心。

小　结

从西欧尤其是希腊和罗马的归信基督教的研究来看，早期基督教在西欧的传播依靠社会中上层的女性，女性不仅作为始发信仰者，不断把其丈夫和孩子等其他亲属都纳入基督徒的行列，最后家庭的一些职能逐渐让渡给教会，在经济上给基督教提供很多的资助，教会也对信徒的干预由"公领域"逐渐到个人的"私领域"。最终在基督徒不断增加的情况下，君士坦丁大帝大帝于 313 年颁布"米兰赦令"。而早期天主教进入中国时，尤其是以利玛窦为代表的一批传教士继续走"上层路线"发展精英阶层中的基督徒，使得一些上层精英分子如徐光启接受并传播天主教，并在他们的带动下使得自己家族甚至是宗族开始信仰基督教，因而在中国一些地区尤其是东南沿海出现了基督教家族的例子。但由于后来传教士对中国的"祭祖"和"祭孔"的质疑加之中国内外因素的影响，最终发生了"礼仪之争"，使得基督教在中国的传播进入地下。直到鸦片战争以后，基督教在华传播再次掀起高潮，但这个时期基督教改走"下层路线"，吸纳很多平民信徒，并且足迹遍布中国，但伴随着民族国家的建构，尤其是马克思主义在中国的传播以及国家在意识形态中的强化和推广使得基督教作为一种精神鸦片或洋教而受到排挤。直到改革开放后，基督教开始复兴，而这个时期基督教在中国大陆的传播依旧主要从下层开始，主要是从农村开始，利用之前的基督教力量以及境外的支持，把亲属作为主要的传播渠道，妇女作为主要传播者，带动农村这个熟人社会使得基督教逐渐取代村落原有的信仰。从拉拉屯教徒身上可以看出 7 个人中只有刘 WH 和其他人没亲属关系，而是好邻居关系。因而才有梁家麟在大陆的调查发现：信徒比例方面，女性的比例远大于男性，年龄分布上，老年人大于年轻人。[1]

　　东北汉人社会作为一个移民社会，人与人之间之间关系相对于比较松散，村落内部没有一个统一的信仰和村落规范，即使是"保家仙"也是从关内随着移民带入东北，而与东北地方信仰相结合的产物，并没有形成村落信仰体系；受到经济浪潮的影响，这种信仰越来越来淡。新宗教运动的信徒主要来源于信仰上不活跃和存在不满情绪，以及受教于最终妥协于世界的宗教团体的人群。[2] 脱轨行为控制理论（control theory of deviant behavior）研究基督教的兴起得出的结论：对一些规范的遵从是人际关系依附的结果，因为在某种程度上我们珍视了与他人的关系，为了保有他们的尊重我们便遵从这些规范。当缺乏这种依附关系时，人们有更多的自由去背离这些规范。在现代社会里，我们发现非传统的行为与不同程

---

[1]　梁家麟：《改革开放以来的中国农村教会》，香港：建道神学院 1999 年版，第 136 页。
[2]　[美] 罗德尼·斯塔克：《基督教的兴起》，黄剑波、高民贵译，上海：上海古籍出版社 2005 年版，第 22 页。

度的人口变动和不稳定性有着非常强的关联。[1] 从这个方面来讲，改革开放之后，经济打破了人们之前亲属依附关系，尤其东北汉人社会的亲属结构相比较南方而言本身就很松散，才有在 1993 年后信徒占整个东北总信徒的 93.5%。但同时我们也看到东北汉人社会是一个无宗族的社会，姻亲虽然作为一个重要的亲属，但姻亲是靠女性来维持的，并且这种亲属关系很容易会随着女性的去世而逐渐淡化，此外，这些聚会点多是由于该家的教徒在世俗生活和宗教生活中具有卡里斯玛的品质，才能召集教徒到其家聚会，因而这个教会的很多事务由她处理，一旦有人挑战她的权威或者她的品质失去后这个聚会点就不会存在，这样也使得 1993 年之后东北汉人社会虽然信教的人很多，但信徒之间具有松散的依附关系，女性信徒比例高于男性，而且缺乏一个持久的动力机制给基督教发展提供持久的"继发性"信仰来源。

---

[1]　[美] 罗德尼·斯塔克：《基督教的兴起》，黄剑波、高民贵译，上海：上海古籍出版社 2005 年版，第 19—20 页。

第五章 礼仪之争：基督教和宗属制度

中世纪的欧洲，是教会支配社会秩序的时代。教会规定信徒结婚之后，即使配偶死亡也不可再婚、不能娶妾、禁止离婚、不能收养、禁止表兄弟姊妹结婚等等，主张精神胜于物质而鼓励将财产捐给教会。更因为禁止收养，所以无子嗣者的财产也只能捐给教会。因此，中世纪末，教会已成为最大的财主、地主，也发展成所有人结婚必须在教会里举行仪式的习惯。这些是教会改变与操弄的结果。本来婚姻属于氏族之事，但经过教会的中介，婚姻成为个人之事，只要当事人同意就可以结婚，这也提供了西欧核心家庭发展的基础。因此，亲属不像在原始社会具有支配性与决定性而成为全面性决定的制度。尤其是教会建立的财产继承制度与婚姻仪式等使教会成为最大财产拥有者而形成资本的积累。

——杰克·古迪：《欧洲家庭与婚姻的发展》

前文介绍了拉拉屯是一个无宗族的社会，姻亲成为主要的亲属；由于移民社会使得地方信仰呈现多元的趋势，并且信仰观念很淡化，因而才出现第四章所介绍的情形。

汉学家施舟人（Kristofer Schipper）在分析"礼仪之争"时认为：从中西礼仪体系比较的角度来看，研究者应该重视"礼仪之争"的礼仪方面的内容可能具有的潜在意义。[1] 而礼仪也是区别宗教重要的标志，因而本章笔者在以基督徒的婚

---

[1]　Kristofer Schipper: "Some Naïve Question about the Rites Controversy: A Project for Future Research", In *Western Humanistic Culture Presented to China by Jesuit Missionaries: Proceedings of the Conference held in Rome,* October 25-27, 1993, ed. Federico Masini, 293-308. Rome: Institutum Historicum S.I.

礼和丧葬礼实地调查的基础上，分析作为基督徒在礼仪方面与拉拉屯村民的不同，进而说明基督教与亲属制度之间的实践关系以及这种关系背后的机制是什么？

第一节 "世上人"的礼仪

白·恺思（Catherine Bell）用一种概括的和比较的方法来研究礼仪的主题，并注意到礼仪是一种历史的和文化的建构。她对以往的礼仪研究的方法（心理分析的、进化论的、功能主义的、结构主义的等）做了很好的概述，并总体地（从形式主义、传统主义、恒定性、支配规则、神圣象征、表演等角度）概括了礼仪类活动的特征。她将礼仪（主要是宗教礼仪）进行了分类：生命转换礼仪（出生礼、成年礼、婚礼、丧礼）、历法礼仪（诸如各种节日）、交流与沟通礼仪（对神灵的祭祀和贡献）、疾病礼仪（治疗疾病、安抚神灵等）以及宴会、斋戒和庆典（宗教情绪的公开展露）。[1] 由于本章主要是针对基督教与中国亲属之间的关系的研究，因而本研究主要是针对在两者能够碰撞的礼仪上。历法礼仪主要是节日方面的，由于中国（尤其是农村）主要是农历纪年，与基督教公历纪年不存在冲突的时间点，两者更多的冲突表现在偶像崇拜上。通过前文描写，我们知道拉拉屯是个移民社会，对宗教相当的冷漠，因而在疾病和交流方面也呈现得不明显，所以笔者主要集中分析生命转换礼仪或人生礼仪。

民俗学上把中国人的人生礼仪分为四种，即出生礼、成年礼、婚礼和丧葬礼。[2] 当下中国社会的成年礼主要在学校高中毕业前举行，一般都是高考前，学校会组织大家集体宣誓，宣告成年，因而成年礼基本上不涉及家庭了。出生礼主要是满月和百天，这主要是一些亲友送礼物和举办酒席，受众面很小，即使是洗礼也只是教会内部，和其他亲属直接冲突很小，因为大家都知道孩子是属于这个家庭的，其他亲属过问的权力很小。因而本书主要集中在婚礼和丧葬礼。

（一）拉拉屯村民的婚礼包括婚前和结婚两个主要阶段

1. 相 门 户

一般是经过介绍人（媒人）介绍，男方或女方到对方家里看看，可以带上几

---

[1]　Catherine Bell: *Ritual Theory, Ritual Practice*, Oxford : Oxford University Press, 1992; *Ritual: Perspectives and Dimensions*, Oxford: Oxford University Press , 1997.

[2]　钟敬文主编：《民俗学概论》，上海：上海文艺出版社 1998 年版。

个甚至十几个亲属一起来，之后在该家吃一顿饭，未婚男女先看看对方以及双方家长的态度，一旦某个方面不满意就可以不吃饭离开女方家了。如果男女及双方家长觉得还可以，就吃顿饭，让两个孩子相处一段时间，再确定双方的关系。

2. 订　　婚

这个是在未婚男女经过一段时间相处后，双方及家长都很满意就可以商讨结婚事宜。一般都是在介绍人的撮合下，直接确定好彩礼的单子以及支付的方式（现在一般都是干折成现金）和结婚的时间。当然有些是自由恋爱了一段时间，大家都彼此熟悉，因而相门户和订婚即合并起来，只是象征性地把实在亲属聚在一起吃饭，讨论结婚事宜。

3. 迎　　亲

图 5-1　五谷粮　　　　　　　图 5-2　斧头和大葱

结婚的人家会请村里的老人或阴阳先生选个好日子，一般要求日期是农历和公历都是双数，确定好时间之后双方准备结婚事宜，习惯上女方在"正日子"前一天准备酒宴招待亲友，男方则是"正日子"，即大家选定的日期。婚礼当天，农村都是早晨六点左右，由新郎家派车迎娶。还要请县城的司仪和摄影师记录婚礼的过程。男方一般都是派一个懂礼数的中年妇女和几个未婚的小伙子陪同新郎接亲。新郎进女方家的时候，女方会故意关门，直到新郎给了红包，才可以进屋，之后一些未婚的女孩子向新郎讨要喜糖，过了这关后，新郎拜见新娘的父母，改口称新娘父母为爸妈，老人给新郎改口钱，有时也放在结婚典礼上给，再和新娘父母、新娘及大家合影，之后给新娘穿上新的新红鞋，以前由新娘的哥哥现在都是新郎把新娘抱上婚车，在上婚车之前不允许新娘脚落地，老话的意思是不让新娘从娘家带走任何东西。

4.典 礼

迎亲队伍回到男方家门口的时候，给压车的男孩红包，人们会用"五谷粮"[1]祝福这对新人，抛打新娘，宾客进屋后"全福人"[2]把红纸包着的斧头和大葱递给新娘，新娘的姐妹动幔帐，新娘的哥哥拧"长命灯"，新郎家要给这几个人一个红包，现在都是50元甚至更多。新娘在放有硬币的脸盆里洗手，新娘和姐妹们坐在撒有花生和大枣的炕上。"支客人"[3]和司仪都开始忙着招待娘家人，待安顿好娘家的送亲人后，由司仪开始主持结婚典礼，支客人开始张罗给娘家人的酒席。典礼包括新人讲述恋爱过程；新人改口互认对方父母，父母要给新人改口钱[4]；双方父母发言；最后司仪祝贺词。典礼后娘家人先入酒席，男方每桌派一个人陪着，席间新人要给宾客敬酒，父母带着孩子认识亲属，吃完后大家寒暄中送走娘家人，并且娘家要带走四根猪肋条肉（离娘肉）、四副碗筷和一把勺子[5]。送走娘家人之后，男方开始收拾宴席准备招待第二悠（轮）男方的客人。新人要给客人敬酒。现在很多婚礼直接在酒店准备，因而很多程序可以省略或分成两个部分，先迎亲到新房，之后到酒店典礼。这里以在新郎家准备酒席为例。

图5-3 典礼现场

图5-4 新人敬酒

晚上新娘要吃长寿面和子孙饺子。之后年轻人开始闹洞房。东北俗话是：三天不分大小，即在新娘进门的三天内不分长幼大家都可以和新娘互相调侃。闹洞房主要是和新人年龄相当的年轻人，大概一直会持续到晚上十点，直到老人劝住才停止。

---

[1] 用黄豆、玉米、小麦、小米以及高粱加上一些五彩纸拌成的。

[2] 父母健在、儿女双全的中年妇女。

[3] 一般由村里有见识且能指挥的人充当，相当于这场婚礼的总指挥。

[4] 前些年是101元意为百里挑一，现在都是1 001元垫底了。

[5] 如果将来新人生的是男孩，女方父母要把这把勺子还给男方。女孩则自己留下。

5. 回　门

习惯上是结婚后三天新人回娘家，新人一般带着"四盒礼"看望老人，同时也会看望新娘家的一些长辈，以往规矩是新人第一次登门，作为长辈都要给点钱，现在是为了避免双方尴尬，新人只会去看望新娘的爷爷奶奶和姥爷这些辈分高的亲戚，其他人就是在岳父家吃顿饭认识下就可以了。新人不能在娘家住下，如果路途远的话由于不能当天返回，新人才可以住娘家。

虽然拉拉屯的婚礼程序带有很多的地方特色，但依旧按照纳采、问名、纳吉、纳征、请期、亲迎"六礼"的程序展开。除了用粮食、斧头（通福）、大葱（通聪明）等古典形式表达对新人的祝福，人们也会结合时代潮流，加入司仪和摄影等形式，显现婚礼的新特色，并且以往新娘父母是不送女儿的，现在还要和男方父母一起站在台上讲话，当众给改口钱。

（二）丧葬礼包括祭礼和葬礼

祭礼可以在节日的祭祀礼仪也可以是为死者祭祀的礼仪。中国人素有"事死如生"，"生事以礼、死事以礼、祭之以礼"的观念，通过这些仪式来表达生者对死者尽孝。人们用"慎终追远"的方法教化后代。到了晚期帝国，人们开始把佛、道等仪式和僧侣等专职宗教人士加入到丧葬礼，以此彰显生者对死者的重视，进而表明举办礼仪的人是个孝子。美国人类学家华生（James watson）认为：中国人看待生死最核心的一个观念，是坚定地相信此世和后世之间存在着连续性，这种连续性和礼仪密切相关，至于参与丧礼的人是否相信灵魂真的存在、是否相信献祭对亡者有用没用，那不重要。重要的是，丧礼必须要按照公众认可的程序进行。[1]

拉拉屯是一个移民社会，受到内地奢靡之风影响很小，这里没有中国那些职业宗教人士的加入，更没有鼓乐的伴奏，更多的是人们根据习俗"简单地"安排丧葬礼。这里主要围绕死者展开的祭礼，拉拉屯村民的丧葬礼主要的程序如下。

1. 准　备

在死者去世之前，家人都会为其准备"装老衣服"（寿衣），一般为黑色，寿衣分衬衣、棉衣、外套、衬裤、棉裤、裤子、披风、夏天鞋子和袜子，鞋底画

---

[1] James Watson: "The Structure of Chinese Funerary Rite : Elementary Forms ,Rite Sequence, and the Primary of Performance", In Watson and Rawski ,ed., *Death Ritual in late Imperial and Modern china*, 3-19, 1988.

的是梯子，如果是女的鞋子上绣花。枕头为三角形，黑布内塞满棉花，两个角系红绳；褥子是"白里黄面"里面塞一斤棉花，被单绣天兵天将（寓意为黄金入库）。虽然最近几年政府一再强调不准土葬，但从近期调查来看仍村庄土葬现象，如果老人要求土葬就事先准备好棺材或木料，棺材为上窄（50厘米）下宽（70厘米），长2000厘米，高70厘米，天（棺材盖）前宽40厘米，后宽20厘米，底厚5厘米。

2. 报丧（讣告）

死者在有征兆去世或咽气后，首先通知亲属和好友，这个主要是口头通知，如果已经去世，将告诉亲属死者的去世死亡、出殡时间，以前报丧的人一般都是长子，现在都是由死者的直系亲属通报，到亲属家大门口，报上：某某于某时"老"了。同时儿女或村里的长者给死者清洗身体、照镜子。之后大家一起给死者穿上寿衣。

3. 立　幡

竖立在死者自家门口，根据死者的年龄来确定黄纸的层数，如80岁就系八"嘟噜"（窜），称为吊纸，搭在大门头上。死者的儿女就会披麻戴孝，一般是儿女用白布，其他亲属用黑布。除了死者的直系亲属外其他人只要在袖子上系上黑孝布就可以，这表示是死者的晚一辈，如果黑布上扎一个红布头，表示是死者的孙子辈。并且孝布一般死者为男性则挂在左胳膊上，为女性则挂在右胳膊上。

4. 停　殓

在外屋的西侧放置一块门板，死者停放在上面，一般都是头朝向南，嘴里放一枚大钱并且一定要是"乾隆通宝"，头顶点个"长命灯"，五个馒头。如果死者是老太太就梳头后用红绳系住，而来祭拜的人一般都在死者的头部附近跪拜，棺材头部放置一个火盆供大家烧纸。

5. 入　殓

待亲友祭拜后，外地的儿女看上死者最后一面后，把死者装入棺材，死者的头放在棺材的大头，死者右手里拿着鞭子，左手拿着干粮，以驱赶黄泉路上的恶狗。棺材摆放在院子里，棺材头（宽的部分）朝南。人们则在棺材的中间位置祭拜死者即磕头、烧纸。北方受到天气的影响很少在院子里搭很大很久的灵棚，如果天气适宜就在院子里搭个灵棚，否则亲友都在外屋祭拜。

6. 出　　殡

出殡一般都是在阴阳先生的指点下完成。村里的老人或阴阳先生拿着水壶，领着死者的长子拿着搭有吊纸的树杈，先去村的"小庙"，左三圈右三圈，在小庙烧掉吊纸，水壶里的水全部倒在小庙就回家。阴阳先生告诉长子给死者开光，包括眼、鼻、嘴、耳朵、心、手、脚，同时嘴里念叨"开眼光，看四方；开鼻光，闻供香；开嘴光，吃猪羊；开心光，亮堂堂；开手光，抓钱粮；开脚光，上天堂"。之后开始锇扣即给棺材上钉，跪着儿女就会根据钉钉子的方位喊，如果死者为父亲，跪在棺材旁的儿女看到在钉棺材的东侧，就会齐声喊：爸爸往西躲钉……出殡的时间一般都是早晨五六点，在老人或阴阳先生的指挥下，起灵，长子摔丧盆后，长子扛着"幡"在前面领队，其他儿女在后哭丧，之后是棺材及出殡的队伍。每次拐弯，孝子都要对棺材磕头，撒纸钱。不过除非是直系亲属一般的村民不大去送殡的，大家认为这是不吉利的。

7. 下　　葬

挖墓穴前第一铲土由长子挖好放在边，第一铲土要留着，待棺材埋好，这铲土压黄纸放在坟头。事先挖好一个深度为五六十厘米的墓穴，之后在墓穴的四个角放四个馒头，待棺材下葬后，棺材的四角要正好压在四个馒头上，再放些死者喜爱的吃的物品和"幡"放在棺材上，第一铲土由长子填埋，填埋一铲土就提一下幡，三次后其他人才开始填埋棺材。埋好后大家在坟前烧纸和死者爱吃的物品。如果来得及的话，死者咽气前，女儿给妈妈扎纸牛，儿子给爸爸扎马，并且在下葬的时候在死者的坟前把纸牛或马烧掉，来不及的话就在"五七"烧掉。

8. 宴　　席

待下葬队伍回来后，死者家要安排宴席，如果是两个老人都已去世，宴席的菜为双数，如果只是一个人去世菜就是单数，宴席上必须有一道菜是青菜豆腐，表明死者的一生是清清白白的。

9. 祭　　礼

东北农村祭礼主要包括"作七"（一般是头七、三七、五七、七七）、百天、周年、节日祭祀。死后三天"圆坟"，死者下葬后的第三天上午，儿女等亲属拿三根玉米杆或毛嗑杆、水果、五个馒头、黄纸去坟地祭拜。头七晚上，人们认为这一天死者要从烟囱回家的，在死者家的烟筒根，用黄纸做的"钱搭子"、毛嗑杆做个梯子立在烟筒跟边，一起烧掉；三七上午亲属们去坟地，摆放供品和烧掉一些黄纸；五七，死者的女儿给死者五盆纸花，烧掉。百天，上午坟地供品；头周，三周，上午供品，第二个周年是不举办仪式的，人们认为这个是不吉利的。节日祭祀主要是在清明、鬼节（农历七月十五）、春节前几天，这个时候死者的后代要到坟前，给死者送去一些酒菜和烧掉一些黄纸。当然每次去坟前祭拜的时候，后代都会给坟添一些新土，在坟头压上一张新的黄纸，这样才让别人知道这个死者有后人。

我们从拉拉屯村民关于婚礼和丧葬礼的记录可以发现，亲属不仅是仪式的重要参与者，同时通过这种仪式活动也使得亲属网络进一步加强，巩固彼此间的联系。比如婚礼上，亲属之间的礼物往来，人们习惯上发现在礼账上随礼最多的人一般都是实在亲属，根据礼金的多少就可以判断彼此之间的亲密程度，而今结婚费用节节上升，举办家庭一般都要借钱筹划婚礼，亲属成为举办婚礼家的重要的经济来源，在婚礼过程中，无论是人力还是物力、财力方面都得到亲属的支持。此外，如果死者为已婚，则被认为是回到祖先那里，如果有家谱的话就会把死者的名字按照顺序记录下来，这样每个（农历）年节都要享用后人的献祭，婚礼、葬礼已经超过一个家的范围，成为这个家的亲属的共有之事，也成为这个亲属的共聚之时。

第二节　"信主的"的礼仪

从广义上讲，圣礼可以看作是一种基督教外在的仪式或记号，它以某种方式表达或代表了上帝对信仰者的恩典。不同时期和不同的教派对圣礼具有不同的认定，巴黎神学家圣维克多·雨果认为圣礼要有四个基本的要素：

（1）一定要涉及"有形或物质的"因素，如浸礼用的水、圣餐中的面包和酒等。

（2）与其所表示的事物有"某种相似性"，从而使其能够代表所标示的事物，如圣餐中酒被认为与基督的血有"某种相似性"，从而使得它能够在圣礼中代表血。

（3）"按照命令被设立来象征这一事物"，即一定要有充分的理由让人相信，用这记号来表达其所指的灵性实在有足够权威性，这种"权威性"的一个例证就是耶稣基督自己亲手设立的。

（4）功效，这种圣礼能够将其所标示的那种益处赋予参与这种圣礼的人。

因而在雨果时期人们相信有七种圣礼：浸礼、坚振礼、圣餐礼、告解礼、按牧礼和临终涂油礼。但路德认为，圣礼的两个基本特征是：

（1）上帝的圣言（道）。

（2）圣礼外在的记号。如浸礼中的水、和圣餐中的面包和酒。

因而基督教只认为有两种圣礼，即浸礼和圣餐礼。[1]

虽然我们发现不同教派对圣礼有着不同解释，但婚礼和丧葬礼作为基督教的重要仪式是不可否认的，并且有些教派已经把这两种仪式作为圣事之一。

一、基督徒的婚礼

圣经《创世纪》中耶和华造人，神说：那人独居不好，我要为他造一个配偶帮助他……于是神就用那人身上索取的肋骨造成一个女人，领到他面前，神要求：人要离开父母与妻子连合，二人成为一体。基督教关于婚姻的主张：①一夫一妻制；②根据的上帝配合，无所谓的天作之合，有相同的意思；③无故离婚等于犯淫；④夫妻是二人合一的爱情，保罗喻之以教会与上帝的关系；⑤丈夫是妻子的保护和指导。[2]婚姻是为社会基础政治组织家庭的纽带，婚姻与财产有着密切的关系，"一夫一妻制的产生是由于大量财富集中于一人之手，并且是男子之手，而且这种财富必须传给这个男子的子女，而不是传给其他任何人的子女"[3]。因而，婚姻的合法化必须通过公开的仪式得到社会的认可。9世纪，西欧的婚礼必须要有教士来主持，由教士把戒指带给新娘和新郎；12世纪，婚姻得到教会的祝福，经过教士的祷告是非常普遍的社会习俗，以为婚姻被认为是有罪的，必须通过教会和教士的祷告才能得到上帝的赦免，才会有两个人的爱情，因此有了在教堂举行婚礼的诏告。[4]通过圣经和西欧的历史我们看到了解了基督徒婚姻的正

---

[1]　[英]麦格拉斯：《基督教概论》，马树林、孙毅译，北京：北京大学出版社2008年版，第377—379页。

[2]　王治心：《本色教会的婚丧礼刍议》，张西平、卓新平编：《本色之探》，北京：中国广播电视出版社1999年版。

[3]　《马克斯恩格斯选集》（第四卷），北京：人民出版社1998年版，第71页。

[4]　[德]汉斯-维尔纳·格茨：《欧洲中世纪生活》，王亚平译，上海：东方出版社2002年版，第35—36页。

当性，但这些又与中国传统社会存在很大的差别，下面通过刘WH的儿子大军的婚礼来说明基督教如何与本土文化的融合。

在配偶的选择上，信主的家庭倾向于在教会内部选择，即最好都是"信主的"，如果对方不信主，那么在婚礼和结婚事宜上要以"信主的"家庭为主。同时，两家相门户的时候还是要"彩礼"，大军的媳妇是克山古城的，并且两个人是在哈尔滨读书时候谈恋爱的，目前都在哈尔滨工作，根据大军家的情况，女方彩礼干折十万，当时拉拉屯的彩礼已经达到十七八万，因而刘姊妹说起儿子结婚时候的彩礼就认为：彩礼这么少，这都是"主"眷顾我家，我们两个都有病，要按"世上的"人的（彩礼）我们得拉多少饥荒啊！

1. 婚　　礼

在确定结婚时间的时候，刘姊妹提出只要不是"周日"[1] 其他时间都可以，后来和女方商量在4月18日（农历三月二十），两个都是双日子。刘姊妹请来齐齐哈尔市教会的圣召乐队主持结婚典礼仪式[2]，支客人由李CF担任。

2. 典礼仪式

当天新郎大军和接亲队伍五点半出发，到达新娘家，首先新娘姐妹关门逗大军，最后给个红包才开门，全福人念"喜嗑"[3]，进屋后新郎给新娘、伴郎给伴娘戴花，新郎先叫新娘的父母"爸妈"，新郎收到个红包，大军又给新娘的小外甥一个红包，因为刘姊妹强调自己家是"信主的"，因而很多世俗的规矩在她家都没有，不会给压车的小孩钱，也不会给新娘"改口钱"。新郎和新娘家人合影后，大军给新娘穿上新红皮靴，抱着新娘上车。

约八点半，在迎亲队伍快进村的时候，圣召乐队已经在刘姊妹家开始布置婚礼现场，红地毯、鲜花装饰的拱形门、鼓乐队、队员以及主持人都已到位。在新人下车后站在拱形门前，伴随着鞭炮声和鼓乐声，典礼开始。圣召乐队先以民乐古曲——《喜洋洋》开篇，队员着白色套服，主持人是红色唐装上衣，新娘穿白色婚纱，头上盖着"蒙头红（红盖头）"，伴随着鼓乐新人走上红地毯。娘家人

---

[1] 周日是敬拜神的日子。

[2] 圣召乐队由二十多人组成，主持人和摄像各一人，其他都是队员。每次都是大巴和中巴各一台。克山教友主要是婚礼邀请乐队，每次只支付车油飞就可。刘姊妹给了800元的油钱。

[3] 吉利话的意思。内容是：同喜同乐同聚一堂，新人喜悦一起分享；我们喜气洋洋接新娘，我们新娘今天真漂亮。

进屋或站在外面看典礼，主持人首先请"主内同工"面对新人，右手高举祷告（见图）；

图 5-5　婚礼典礼

图 5-6　同工祷告

　　荣耀的天父我们永远都要感谢赞美你，你不但创造天地与万物，你创造人类造男造女，将夫妻合为一体，为了将人类能够繁衍后代，能荣耀你的圣明来享受你的无无限恩典。雨雪从天而降，五谷从地生出，为了养育世人，我们看到这个婚姻丰收的祝福带给我们人类，你不但在今世你爱我们你百眷顾我们得你百倍的祝福，一切归到你名下，爱你顺服你的人，你让我们得到永远的生命，愿你借着这对夫妻的婚姻，再次带到伊甸园里美好的光景，将你丰盛的祝福，祝福这个庄氏家族也祝福这个田氏家族，将所有敬靠你名的人带到祝福里，使不信的人看到你荣耀的恩典，再次归到你自己的名下，同时我们相信所有来的嘉宾，上帝你坐在宝座上一起祝福他们，使他们基督教的婚姻回到他们起初的婚姻当中，能够彼此相爱，使一切不相爱的相爱，使一切没有结婚的人有一个盼望在基督里有个美好的家庭，使一切看到这里边的所有婚姻来造者再次在基督里边蒙受你的祝福，亲爱的天父我们非常相信你记得这蒙爱的夫妻，将你自己丰盛的祝福展示在众人面前，今后他们的生活，他们的一切，他们的婚姻，他们的家庭包括他们的后裔都蒙你自己的看顾，我们感谢你在这里边笑脸帮助我们，来祝福张氏家族这样的婚姻和田氏家族，是我们圣召乐队来这里奉耶稣的名为他们祝福，将你丰盛的恩典带给他们，也带给这里所有的父老同胞和弟兄姐妹，带给这里的乡亲父老，我们如此虔诚的祷告，恭敬的要求上帝的祝福同在，是奉耶稣的名祈求的一切。（每说完一句其他信徒用"阿门"呼应）

主内兄弟宣读结婚证书；主持人宣读圣经《创世纪》2：18 21—24；在主持人带领下婚礼誓词；证婚人（主内弟兄）宣读结婚证书；新人双方父母上台，改口，合影；接着圣召乐队表演节目。

图5-7　圣召乐队的演出　　　图5-8　证婚人宣读结婚证书

表演结束后，新娘换上红色礼服，在主持人的指导下给在场来宾分发喜糖，再次请出同工做带导；

　　荣耀的上帝我们永远都要感谢赞美你，你创造天地宇宙与万物，你如今坐在宝座上统管万友，你荣耀你圣洁你完美，你把救赎赐给了人类，我们为了你丰盛的恩典和怜悯再次荣耀你的圣明，你将这只队伍派到这里来，是为了爱这里的弟兄姊妹，也爱这里所有的乡亲父老邻胞，也爱这里所有的父老乡亲，亲爱的天父我们再次祈求你恩戴这地，见到我们脚掌所踏之地你赐给我们，愿这里的教会合二为一，愿这里的教会弟兄姊妹彼此相爱，愿你复兴你自己的教会，复兴你的心灵，愿你亲自祝福这地，使这里所有看到你的人早日归到你的名下，使归到你名下的人灵魂得到兴旺身体健壮，将你的福音尽到传扬，亲爱的天父谢谢你爱我们，谢谢你爱这个蒙爱的家庭，记得这蒙爱家庭这样的婚礼，将你圣洁荣耀国度里的祝福再次带给克山、这里所有的父老乡亲，我们愿意荣耀你的圣明，愿您亲自祝福我们这支队伍，使我们手中所做的一切，不是徒然，使你手中所做的一切彰显出来你自己的荣耀，将你的福音尽都传明，使的儿女在你荣耀的国度里有份，我们在这里再次荣耀你感谢你，一切的荣耀送在宝座如意的真神，我们如此虔诚的祷告是奉耶稣的名祈求的一切，主耶稣教导我们说：我们在天上的父，愿人都尊父的名为圣，愿父的国降临，愿父的旨意行在地上如同行在天上；我们日用的饮食，今日赐给我们，免了我们的债如同我们免了人的债；不叫我们预见、试探，

叫我们脱离罪恶，因为国度、权柄、荣耀全是父的，直到永远

阿门！

主持人送上祝福：主作纸合永恒情，明年玉树添新枝；最后新人及父母、圣召乐队全体人员合影。

3. 酒　　席

典礼结束后，大家进入酒席，圣召乐队由于从齐齐哈尔市来，因而刘姊妹招待大家吃完饭再回去。大部分教友看完典礼后，吃点瓜子喝点水就回家了，而一些与刘姊妹家有"礼份子"往来的教友就留下来，去礼账处随礼，接着参加喜宴。对此方婶解释说：如果我们没"礼份子"（往来），怎么好意思在人家吃饭啊，我们就是去参加典礼的。她家也不会强留我们吃饭的。喜宴上，新人给宾客敬酒。拉拉屯一般都是三悠，头悠是娘家人，娘家人吃完后，和男方家人寒暄几句就上车回家了，之后开始招待男方的客人，三悠酒席后才结束婚喜宴。

图 5-9　新房　　　　　　图 5-10　新人及父母上台

晚上，新人的朋友们同样也要闹洞房，当然程度要看新人是否放得开以及双方的亲密程度。新房粉刷一新，但墙上贴有十字架（见图5-9），标志着这是主内家庭，他们的结合是受到主的赞许。三天回门都是按照当地人的习俗进行。

二、基督徒的丧葬礼

犹太人本来十分重视葬礼，在圣经中记载：拉撒路死了，耶稣特意离开耶路撒冷到伯大尼去吊唁他，有好些犹太人到马大玛利亚那里，可以看出马大家吊客盈门，非常热闹，又看到耶稣走到坟墓，拉撒路已经安葬……可以看出犹太人葬礼很隆重。耶稣即死之后，亚利马太约瑟领其尸以葬坟墓中，尼哥底姆用香料包裹耶稣之身，都是描写犹太人对丧葬的重视。耶稣在讲道时却对一个人说"任死人去埋葬死人"，表明此时的耶稣对葬礼很不重视，故曰"上帝是活人的上帝，

不是死人的上帝"。大概是指属灵的生活，也可以看得出他对丧葬礼仪的态度。[1]
在基督教原始教义把死亡和基督教的原罪联系在一起，死亡是救赎的核心，因为
死亡是复活的前提，是追寻耶稣的一个过程，是获得永生的必经之路。教堂成为
连接人的生与死的纽带，教士为垂死者举行仪式给予安慰，即垂死者并不意味着
完全死亡，这个过程赋予基督徒一种新的希望。因而，早在 6 世纪西欧形成了固
定且隆重的安葬仪式，在临终者的窗前唱赞美诗、请主教为其祈祷、在安葬地做
弥撒。拉拉屯附近没有教堂，因而丧葬礼都是在死者家里举行，并且根据不同的
情况所举行的仪式也不尽相同，如果死者是信徒，并且死时要求以及家人同意按
照基督教的仪式举办，则请当地教会内部的司仪[2] 来主持，如果有死者或其家人
有一方不同意就不能按照基督教的仪式也只能按照村里的方式举办，基督教的仪
式大致程序如下。

1. 讣　　告

信徒死者去世前或后首先通知牧师，请牧师给做临终弥撒。同时家人用树杆
做成十字架，染成红色，放在大门前，标志着这是主内家庭举办丧礼。一般情况
是如果死者有临终遗言就按死者的想法办葬礼，如果没有则要是直系亲属对于按
照基督教形式办葬礼没有意见就请牧师，否则就按世俗形式或大家商量着办理。

通知教会的其他教友，念经，追思（个人的见证和死者的历史）；同时通知
亲友来吊唁，教友鞠躬行礼，非教徒亲友可以跪拜，但坚决不允许烧纸。

移尸到堂屋／外屋，死者穿白衣服，帽子前有十字架，头东脚西，放在门板上，
全身盖上白布，布上用红布缝上十字架。后来的亲友行礼。在司仪带领下，教友
们念祷文终后经文。

2. 入　　殓

基督教家庭不会事先为死者准备棺材，只是用薄木板做成长方形的"棺材"。
司仪和教友念入殓前后经文葬礼唱诗班，结束祷告，葬礼诵经《哥林多前书》
15：22—28 15：35。

　　[1]　王治心：《本色教会的婚丧礼刍议》，张西平、卓新平编：《本色之探》，北京：中
国广播电视出版社 1999 年版。
　　[2]　当地教会对于婚礼和丧礼由不同的人来主持，他们并非牧师而被当地信称为"司仪"。

3. 出　殡

出殡时间不分上下午，墓地都在自家事先选好的坟地里。教友不会送葬，在村里老人的指导下，长子捧着十字架前行，后面其他亲属随行，之后是棺材，如果亲属是信徒则不会痛哭，其他人则悲恸大哭。事先长子挖好第一铲土之后其他动手，送殡队伍进入墓地后，老人指挥大家按照当地习俗放馒头，落棺材，最后长子把十字架放在棺材上，他埋第一铲土，之后大家动手埋葬棺材。之后在坟前放些水果和食物，教徒亲属鞠躬、其他亲属跪拜后大家返回。

参加葬礼的人出席死者家举办的酒席，菜品和"世上的人"没差别，依旧有白菜豆腐。拉拉屯现在有葬礼随礼的习俗，因而如果有礼份子往来的家庭无论你是否是教徒都要随礼，否则会被村民嘲笑。按照基督教的方式，不会为死者"做七"，甚至是春节和清明节都不会祭拜死者。

第三节　我们和你们

涂尔干对宗教所下的定义：宗教是一种与既与众不同，又不可冒犯的神圣事务有关的信仰与仪式所组成的统一体系，这些信仰与仪式将所有信奉它们的人结合在一个被称为"教会"的共同体之内。[1] 礼仪成为宗教的重要标志，也是不同宗教的显著区别，人们通过一些礼仪来判断信徒的宗教归属。

基督教作为东地中海宗教类型，作为一种排他性的宗教，基督教不仅对信仰对象强调独一无二的敬拜上帝，就连信徒的私生活也大加干涉，因而才有杰克·古迪在讨论欧洲的婚姻时认为：教会害怕贵族内部通婚扩大亲属势力，使大量的土地和其他财产集中在贵族继承人手里，而影响了教会对家庭财产的获得，进而损害教会的利益，因为没有继承人的财产最后都捐给了教会，这就是教会极力反对近亲结婚，而支持婚姻自由的原因。[2] 虽然大卫·赫胥黎（David Herlihy）[3] 和约瑟夫·吉斯（Joseph Gies）[4] 提出不同的解释，但古迪的解释从某个方面也说明了，

---

[1]　涂尔干：《宗教生活的基本形式》，汲喆译，上海：上海人民出版社1999年版，第54页。

[2]　Jacky Goody: *The Development of the Family and Marriage in Europe*, Press of Cambridge University, 1983.

[3]　David Herlihy: *Medieval Household*, Harvard University Press, 1985.

[4]　Joseph Gies: *Marriage and the Family in the Middle Ages*, New York, 1987.

教会不仅干涉信徒在教会内部公领域，还干涉信徒的私领域事务，进而把信徒的一些事务纳入基督教的圣事，而由教职人员或专业信徒掌管。因而，通过上述对婚礼和丧葬礼的描述发现：基督徒的这两个礼仪活动都是由专门的信徒主持，比如婚礼上的主持人和同工、丧葬礼上的司仪，但这些有专门信徒支持的活动占整个仪式过程的一部分。在两个仪式上，存在两个主持人，一个基督教的司仪、一个是支客人。在关于典礼仪式方面听从基督教，而世俗方面则完全有支客人掌握，比如婚礼方面，基督教婚礼不允许给"改口钱"、"拧长命灯"、动箱柜和带走"离娘肉"等，曹姊妹认为：这些都是"世上人"为了自己的利益，难道不拧"长命灯"就不能白头到老了，都是迷信。但大军的婚礼中，大军还是给了未婚妻的小外甥红包，虽然没有在婚车上给，但性质相同；未婚妻的父母在家就给大军"改口钱"，大军也接受了，只是在典礼中，没有出现"改口钱"。基督教认为白色是圣洁的，也是婚礼的主色调，新娘的礼服都是白色的，但拉拉屯教会的新娘却用了红色的"蒙头红"，在典礼快结束的时候换上了红色礼服招待宾客。同样，在葬礼中，只是从弥撒到出殡，并且这些阶段上，也只有信徒才按照基督教仪式进行，而对于"世上人"的行礼、敬拜都没有严格限制。在出殡和下葬这个阶段虽然信徒的葬礼一直有"十字架"做标记，并且教职人员没有参加，当地人还是按照世俗的礼仪来完成，只是在葬礼的任何场合不允许烧纸。两个礼仪结束后，都是有礼份子往来的人留下随礼并且参加宴席，那些没有礼份子往来的信徒在典礼结束后直接回家了。同时，闫姊妹也讲述她参加一个老年信徒去世的时候，她的一个儿子按照其姐姐（信徒）没有双腿跪下叩头，其舅舅看到，愤怒地从背后踹了他那个没跪下的腿窝，而致使其双膝着地，而舅舅对姐姐就允许其不跪拜。许理和 Zürcher Erik 认为：没有任何从外部进来的边缘宗教能长期待在中国（至少在耶稣会传教士活动的社会层面），除非其符合中国人在宗教、礼仪、社会和政治理念上的所谓的"正"。为了避免被诬称为"邪"并被当作一种颠覆破坏性的教派来对待，天主教徒们必须证明他们是站在正统或者"正"的一边——这是中国文化的一部分，对于任何想在中国活动的人都是强制性的和无法逃避的。[1]

---

[1]　Zürcher Erik: "Jesuit Accommodation and the Chinese Culture Imperative", In *The Chinese Rite Controversy : Its History and Meaning*, ed E. Mngello, 31-64 . Monumenta Series 33. Nettetal : Steyler Verlag, 1994.

因而对于基督教采取什么样的仪式并不是主要出于宗教的考虑，更多的是依据儒学传统，从是否正当（正统）的角度出发。"正"的核心不是先验的信仰，而是社会道德、政治合法性以及礼仪正当性，也即正统实践。[1] 同时，华生（James Watson）也在讨论天后信仰中提到，中国重视礼仪的正统性，而对信仰的内容没有给予关注。[2]

从举办场所来看，拉拉屯教徒的仪式都在家里举办，而不是西方的教堂举行。作为世俗的支客人一直从头到尾指挥仪式的进行，而基督教仪式的司仪或主持人仅出现在礼仪关键阶段上，并且他们的言行也符合儒学的正统，例如儒学更关注家族以及这个家族的延续，因而在婚礼祷告中不只一次提到张氏家族与田氏家族的兴旺，而根据古迪的解释：西方基督教在其兴起的时候力主打破家族的限制，把权力和财产收到教会来管理。另外，作为以长子为代表的亲属一直都被作为很多重要活动的第一候选，比如出殡队伍、挖墓穴，婚礼中主要参与者、随礼中出资最多等，这些都显示出在中国基督徒的仪式中，以教职人员为代表的基督徒处于边缘地位，而亲属和家庭成员依然是仪式的主角。

除了婚礼和丧葬礼之外，时间也是一个区别教徒和村民的重要标志。这里的时间不是"物理时间"而是社会时间，是宗教意义的时间概念，把时间和精神的感知联系在一起，与人的灵魂联系在一起，把历史的时间与基督的受难和复活前后联系在一起。[3] 每年都会有很多节日与基督教圣徒或殉道者相关，如纪念耶稣的复活节、受难日以及圣诞节。克山河南教会每年都有圣诞节演出，这个时间是东北农村的农闲季节，妇女们会提前半个月参加教会的节目排练，甚至是在教会吃住几天，因而这段时间家里活主要由其他家庭成员完成，如方婶家，方叔会主动承担家里鸡鸭的喂养，方婶给准备些现成的饭菜，方叔就会热下对付吃饭，方叔甚至劝方婶去城北赵 B 家住，省得往返辛苦。农村对元旦不重视，圣诞节离春节还有一个多月时间，家里没什么活非要妇女做，因而这也给女教徒参加圣诞节

---

[1]　Zürcher Erik: "Confucian and Christian Religiosity in late Ming China", in *The Catholic Historical Review* 83(4)614-653, 1997.

[2]　华生：《神明的标准化》，刘永华主编：《中国文化史读本》，北京：北京大学出版社 2011 年版。

[3]　[美] 古列维奇：《中世纪文化范畴》，庞玉杰、李学智译，杭州：浙江人民出版社 1992 年版，第 130—137 页。

演出提供了方便。周日是礼拜天即聚会或查经，每周日上午必须要参加聚会，无论春夏秋冬，夏天对于东北是一个很忙的季节，这个时候教会会把时间提前到早晨六点，这样不到八点就结束了，不怎么耽误信徒干庄稼地里的活，冬天由于东北进入农闲时节，并且太阳出来也晚，聚会就安排在周日早晨八点开始，大概要持续到十一点半，早饭一般都是由家里其他人代劳，东北农村冬天一般都是两顿饭，晚饭要在三点左右吃，这样也不耽误妇女回家做饭时间。这个时间平常和方婶打麻将的村民都不会来方家或叫方婶去打麻将。中世纪的欧洲规定：每个教徒每天要有八次祷告，被称为"上帝的工作"，人们根据附近教堂的钟声来指导人们的作息时间，因而才有"人们得知时间是靠耳朵，而不是眼睛"的说法。[1] 在与教徒来往的过程中，也发现这些人既不是西方意义上的基督徒，在某些方面也不同于村里的其他村民，例如拉拉屯教徒在日常生活中的时间安排，有些信徒坚持每天饭前和睡前祷告，家里人不会打扰他们甚至一些家人会停下手里的事静静等待信徒祷告结束。

　　房屋不仅是我们的居住场所同时也是家庭成员展演的舞台，不仅表达每个人的想法也代表每个人在家庭中的地位。拉拉屯的教徒家中最明显的就是每个人家里都贴有一个带有鲜红十字架的主日单，这使得每个进入该家的人都知道这家里有人信主。同时家里对于信仰的布置也会显示信仰者在家庭中的地位，虽然保家仙主要供奉在长期没人居住的房间，但保家仙在家里祭祀频率以及供品都显示信仰者的地位。如方婶家分家单过，方婶信教后就把保家仙扔出去了，但后来方老太太发话，方婶家又再次供奉保家仙，只是采取了一个新的形式，方家人可以摆放供品，但方婶自信教后不再接触这些，大家相安无事。这一方面说明，妇女对于自己的小家庭具有话语权，同时作为一个家族支系的一员又要受制于长辈，但这种制约不能完全掌控方婶，因而大家都各退一步，满足双方不同信仰的和平共处。但信主的家庭对于观音这类信仰则显示强劲的抵抗，在调查中没发现这个家庭同时供奉观音和耶稣，或许更多的是空间相撞，因为主日单和观音像都供奉在厅堂，这种正面的冲突对于信徒来说是无法接受的，而保家仙则避免这种的"碰撞"。

---

[1]　王亚平：《西欧中世纪社会中的基督教教会》，北京：中央编译出版社 2011 年版，第 208—209 页。

图5-11　基督教家庭的对联

在春节期间也会发现信主的家庭的对联不同于其他村民家的，他们的对联采用中国传统的形式，但内容则表达了信徒对主或基督教的赞美，拉拉屯的信徒家的对联主要有以下内容：

以马内利　满院荣光蒙神爱，全家和睦感主恩。

五谷丰登　金仓不断千斤米，五谷永存万担粮。

主恩更多　生活幸福神赏赐，家庭平安主施恩。

和睦家庭　家顺人和神赐福，安居乐业主施恩。

救赎宏恩　神恩万代赞不休，主爱千秋歌不尽。

共沐神恩　荣耀归上帝，平安赐世人。

新春蒙福　上帝爱世人，真神赐永福。

荣耀耶稣　福音广传世界，真理遍撒人间。

神恩浩大　主造天地万物，神爱世上众人。

高擎十架　信真神天天喜乐，靠耶稣时时平安。

这些对联一方面说明这个家庭有人或全家信主，另一方面也使得这些家庭与其他村民相区别，一些世俗的活动不能进入这个家庭，如送财神，送财神的人进来，方婶可以直接说：我家是信主的，不信这些。很堂皇地拒绝了送财神的人，要不现在留下一个财神至少5元，如果是纸张好的还要给10元啊。东北农村还有正月扭秧歌拜年的习俗，十几个甚至几十个人组织成一个秧歌队伍到各家拜年，村民们对这样的行为很不欢迎，因为这些人基本上都是向各家讨钱的，很多人只是充数，认真扭秧歌的人不多。村里一些有头有脸的人只能是硬着脸多给些钱物，一家最少都是10元，多则100元，因而有些不愿意给钱的人家，就直接锁门不接待秧歌队，方婶说：

> 前年一个 ZX 的秧歌队进了我家院子，我对领头的说：没看我家的
> 对联，我家是信主的，我家不让扭，你方叔就给领头的一根烟，他们就
> 扭头出去了，这样我就省下 20 元。

通过仪式性的活动，礼仪成为身份认同构建的核心部分。正如钟鸣旦在研究明清天主教徒葬礼时，他认为天主教葬礼是在中国文化指令的影响下经历的那些变化。同时也顺从了天主教的文化指令。[1] 但从笔者调查资料来看，东北汉人社会的基督徒的礼仪同样受到中国文化和基督教文化的影响，但从根本上来讲，中国文化是"根"，东北的基督教文化是生长在中国文化这块土壤之上的，虽然吸纳了很多的基督教文化因素，但在礼仪方面还是要顺从儒学的"正统"，即要符合中国文化的要求，否则不可能生根发芽。

第四节　教会：永远的家

基督教宗教化（christianization）的整个过程，从文化的角度来说，需要采取措施建设宗教的信仰和活动，也就是建立由神父指导的礼仪和团体。[2] 通过礼仪可以标记出我们（信主的）和你们（世上人）的不同，从而达到区别我们和你们的目的。因而礼仪成为不同宗教信徒的重要标志。而组织则是维持这个标志／礼仪继续的保障。伊安纳康（Laurence Iannaccone）提出：无论何时，只要宗教团体存在提供私人产品的情况，竞争的力量和对风险的规避会导致消费者投身多个宗教团体，以至于使得他们的宗教投资多样化。无论何时，只要宗教团体存在促进集体产品生产的情况，宗教团体与其投身者都会要求排他性，以减轻搭便车的问题。[3] 因而，作为排他性的基督教团体从事于宗教的集体生产。因为排他性宗教团体（如基督教）比非排他性宗教团体拥有更为强大有力的机构，能够更好地动员大量的资源，可以提供可信的宗教安慰，以及真实的世俗利益。[4]

---

[1]　[荷兰] 钟鸣旦：《礼仪的交织》，张佳译，上海：上海古籍出版社 2009 年版，第 253 页。

[2]　钟鸣旦：《礼仪的交织》，张佳译，上海：上海古籍出版社 2009 年版，第 245 页。

[3]　Laurence Iannaccone: "*Risk, Rationality, and Religious Portfolios*", in *Economic Inquire* 33:285-295.

[4]　罗德尼·斯塔克：《基督教的兴起》，黄剑波、高民贵译，上海：上海古籍出版社 2005 年版，第 243—247 页。

　　杨庆堃从功能主义角度把中国宗教分为制度性（institutional）和分散性（diffuses）宗教，他认为：制度性宗教在神学观中被看作是一种宗教生活体系，包括：①独立的关于世界和人类事务的神学观或宇宙观的解释；②一种包含象征（神、灵魂和他们的形象）；③一种由人组成的独立组织，使神学观简明易解，同时重视仪式性崇拜。分散性宗教被理解为拥有神学理论、崇拜对象及信仰者，于是能十分紧密地渗透进一种或多重的世俗制度中，从而成为世俗制度的观念。[1] 杜瑞乐（Jëol Thoraval）修正了杨庆堃关于中国制度性宗教的解释，他认为对于道士、和尚等职业信徒来说，独立性是存在的，而对于那些世俗信徒来讲他们仍然是未被分化的团体。而认为中国宗教是功利主义宗教，他们忽视了或者是低估了中国民间宗教的一体性和内在一致性，它拥有一个供不同教义相互嫁接的共同场域和实践基础。[2] 对于大多数世俗信徒来讲，无论你的教义是什么，最重要的是，要符合中国文化的"正统"即强调正统实践。因而杜瑞乐对中国的宗教生态提出了自己的分析框架。在图 5-13 中杜瑞乐认为：西方社会里，自称拥有同一宗教信仰的人可以分属于不同的社群或教会。每一社群或教会又都拥有各自的教士、教堂、信徒和仪式，而在组织上是互为排斥的。而中国由于世俗层面所涉及的社会层面很广，使得中国人无需专职宗教人士来举行祭祀活动。[3] 这也就使得中国宗教呈现出一种无组织或组织涣散的状态。

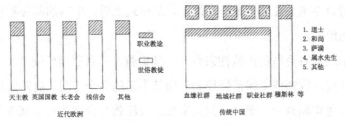

图 5-12　宗教社群结构 [4]

　　同时，传统的中国，不仅是一个以儒学为支撑的官僚制国家，而且是一个编户齐民的国家。统一的中央集权的帝国要实现对广大编户齐民的直接支配，就必

[1]　杨庆堃：《中国社会中的宗教》，范丽珠等译，上海：上海人民出版社 2007 年版，第 268—269 页。

[2]　杜瑞乐：《西方对中国宗教的误解》，载《二十一世纪》1995（29）。

[3]　杜瑞乐：《西方对中国宗教的误解》，载《二十一世纪》1995（29）。

[4]　杜瑞乐：《西方对中国宗教的误解》，载《二十一世纪》1995（29）。

须以官僚支配为其中介形式，这一国家的特性决定其他宗教信仰什么其实并不重要，只要它与现行的社会架构方式相融合，或者根本就是其内在的一部分，那么这样的宗教不但不会成为现行的政治结构的挑战因素，相反还可以成为维护它的因素。[1]

从拉拉屯的两个仪式（婚礼和丧葬礼）上看，仪式的参与者形成了两个不同的群体：一是以教职人员或司仪为主的基督徒群体；另一个是以亲属为主的世俗群体。[2] 两个群体的目标是不同的，如婚礼上，前者希望为主增加子民，而后者则是为壮大家族；葬礼上，前者认为死者回到主的身边，去伊甸园里享受幸福生活，因而信徒们不伤悲；后者认为死者离开自己，去到祖先的所属地，并最终成为祖先被活着的人所供奉；基督徒都埋葬在教堂或教堂附近的公共墓地，中国人都要求死者埋在自家的坟地。虽然两者各自的目标差之千里，但最终在表现形式上一直强调中国文化的特质，如在婚礼上，虽然司仪一直强调婚姻是主作之合，但在祷告中依旧提到为两个家族的巩固而起到作用。并且从参与整个仪式的阶段来看，基督徒主要是体现在某个特定的仪式中，如婚礼上的典礼、葬礼上的弥撒，而仪式的其他阶段则完全由世俗社群掌握，这些世俗社群在仪式上有些甚至是完全颠覆了基督教的教规要求，如婚礼上的闹洞房、坐床、改口钱，丧葬礼上的磕头、买路钱、葬礼维持的时间等，这些因素都是与基督教的教规相违背的，但这些仪式都是要符合中国文化的"正"。因而，从仪式上看，中国的基督教信徒们处于被边缘化的地位。

作为东地中海类型的排他性宗教——基督教，一直强调信徒"公"、"私"领域的教职化，牧师或专职信徒控制着信徒生活的各个方面。而东北汉人社会的基督徒虽然也定期查经、聚会，但大家仅是关注教会内部的公领域事务，缺乏对教会之外公共领域的关注，因而东北地区的基督教会没有慈善或其他福利事业；并且教会团体对私人领域关注仅限于不能敬拜偶像，因而才有在春节之前的一次查经聚会上，带导的孙姊妹再三强调不能敬拜偶像、烧纸等，所以才有方婶开始

---

[1] 欧阳肃通：《转型视野下的中国农村宗教》，北京：中国社会科学出版社 2009 年版，第 108—109 页。

[2] 钟鸣旦（Nicolas Standaert）把仪式参与者分三组：第一个圈子由天主教团体成员及会长组成；第二个圈子由孝子组成第三个圈子由范围更广的亲友团体组成。参见钟鸣旦：《礼仪的交织》，张佳译，上海：上海古籍出版社 2009 年版，第 169 页。

的时候把保家仙扔出去，后来方叔换个形式依旧供奉，过年的时候方婶不去给保家仙上供，但方叔可以拿她做的食物去给保家仙上供；方婶可以不去跪拜、烧纸，但其哥哥迁坟的时候一定要亲自到坟地；甚至是方婶时常和村里妇女打麻将[1]，教会人知道了也就是劝诫，但没有任何制裁措施。因而才有村民们都说这几个信徒和大家没什么分别，只是在某些礼仪上不一样。这使得当地村民进入基督教的门槛降低，并没有突出基督教——这种排他性宗教的特色，虽然村民知道信主的是不拜祖先，但这些仅限于在礼仪方面，而在其他方面并且没有突出基督教的特质。这种低门槛的进入，伴随着基督教不能提供信徒更强大的组织（教会）、更多的资源和宗教慰藉甚至是世俗利益。

其次，从东北汉人社会的基督教会团体来看，主要是聚会点，这种聚会点是建立在个人的权威基础上的，比如邓姊妹聚会点，由于邓姊妹信的时间久，并且比大家对宗教的投入多以及领悟比大家深刻，因而才在她家设立教会，而我们分析"卡里斯玛"不仅来自宗教赋予她的，同时也来于世俗社会方面，比如她的年龄和日常生活的组织能力等。教会作为基督教的团体本身应该由教职或专职信徒来管理，但现实是东北汉人社会的基督教领导主要是由世俗信徒来担任，并且那些带导查经的也并非是教职人员；还有基督教会主要是聚会点，如2007年方婶家的聚会点，当2008年方婶去天津打工的时候，由于基督教会没有完整的组织体系，使得一些教会没有新的聚会地点，最后导致大家长时间不能参加聚会甚至是脱离基督教。由于中国社会结构是"差序格局"，"差序格局"中差序所构成的社会组织在中国社会中占据主导与支配地位，这也就是说，以某个人为中心而扩张形成的社群在社会生活中起到了决定作用。中国所谓的公共领域实际是由私人领域扩张与转化而来，或者受到私人领域的支配，从而使得中国社会的公共性供给在相当程度上依赖于取决于处于"差序格局"中心的某个个体或某一批个体的道德性。[2] 正是这个原因导致邓姊妹在聚会点拥有绝对的权威，也使得她包揽了教会中所有的事务，在圣诞节演出中王姊妹对她的指导提出不同的看法，她不能忍受。从这个角度来看，东北汉人社会的基督教并没有形成一个完整、独立的团体，而是弥散在世俗生活体系之中。

---

[1] 赌资不是很大，每场（通常八圈）输赢在20元左右。

[2] 张江华：《卡里斯玛、公共性与中国社会》，载《社会》2010年第5期。

　　第三，教会对于财产的规定。英国人类学家杰克·古迪（Jack Goody）在《欧洲婚姻与家庭的发展》中提到：一夫一妻制来源于耶稣时代的犹太社会，它起初只是一种小家庭的理想模式，被基督教反复强调。随着教会由于接受信徒的赠予和遗赠而变成那个时代最大的地主，教会需要大量的财富供给担任神职的人、寺院机构、慈善事业，所以教会反对一切旨在保留家庭祖传遗产的做法，如同居、寡妇再婚、亲属婚姻、收养等。基督教会害怕贵族内部通婚扩大亲属势力，使大量土地集中在贵族手里，而影响了教会对土地的获取，使自己的经济利益受到损害，因为没有继承人的土地所有者据说更有可能把土地捐给教会。而教会持之以恒的反对家庭亲属关系的扩大以及财产在家庭内部的积聚是导致西方出现小家庭模式的决定因素。并且通过教会把一些有关于婚姻和家庭的规范都纳入教会来管理甚至成为基督教的圣事。[1] 教会通过婚姻等措施把家庭的财产转移到教会，并且紧紧抓住财政权利，一方面可以给信徒提供一定的世俗利益，其次还可以通过对财政的控制壮大教会组织，进而开展宣传、慈善等公益事业以增强其影响力。但东北的基督教财政仅掌握在宗教精英手里，甚至有的时候更多就是为了个人谋利益，对教会整体利益视若不见。因而使得排他性宗教的特质在信徒面前没有明显表现出来。降低了教会对信徒的控制和吸引能力。

　　第四，从东北基督徒的人数、性别比、年龄比来看，这里的基督徒主要是一些中老年妇女，而一些成年人和未成年人并没有真正进入教会，因而使得教会人数增长缓慢，并且一些只是女性家长信仰，加之她们在择偶方面太强调教内通婚，这些因素都使得基督教缺乏继发性信徒的加入，加之在仪式上的边缘位置，使得教会不能为信徒提供面对各种灾难时的有效支持，因而使得信徒们对教会团体并不十分热衷。

　　最后，东北乡村社会的基督教并没有严格的组织体系，大家完全是基于平时的"友谊"关系来维持各聚会点之间的关系，齐齐哈尔教会与克山教会不存在领导和被领导的关系，彼此间最多就是在举行礼仪活动的时候互相派人学习和交流，而克山的各教会之间彼此独立，就连邓姊妹和孙姊妹两家的教会除了邓姊妹和孙姊妹较熟悉外，其他人最多也就是圣诞节演出时见过，而没有形成基于基督教建立的"战友"关系。赵文祠基于华北对华北天主教乡村的研究得出的结论是：地

---

　　[1]　薄洁萍：《上帝作证》，上海：学林出版社2005年版，第2—113页。

势偏僻和交通不便等社会环境因素使天主教村民长期保持着他们的群体认同和信仰习俗。[1] 罗沙达 (Eriberto P. Lozada) 对广东梅州一个客家天主教乡村进行研究，他认为在重新构建该地区跨省和跨国教会关系网络的同时，客家天主教徒还运用这些网络，在乡村内外以至海外建立他们的宗教身份、种族意识和社群内部的凝聚力。[2] 其实如果我们深入研究华北和华南的亲属制度就会发现这些地区都具有较强的宗族网络，因而才使得天主教利用这些网络来加强自己的传播和发展，进而认同群体身份，如在潮州的教会介入的宗族械斗，其本身就是宗族争斗，只不过在特定的时期，教会享受特权才使得宗族借助宗教来达到彼此争权夺利的目的。而东北一个无宗族的社会，基督教无法借助强大的宗族势力来发展自己，因而加之教会内部没有一个完善的管理体系，因而这种涣散的组织形态东北汉人社会根本不会出现科大卫（David Faure）所谓的"宗教信仰普遍扮演着一个'权力的证明'的局面" [3]，更不会有基督教参与乡村权力斗争的情况 [4]。

综上所述，一方面仪式成为加入和维持教会的基本动机，另一个方面由于基督教团体不能给信徒提供有效的支持，使得信徒对教会并不热衷。种种原因使得基督教团体（教会）在东北地区并不发达，基督徒在各种仪式中处于边缘位置，而乡村社会中真正起作用的还是亲属。

小　结

礼仪作为塑造不同群体的重要工具，使得村民和基督徒形成鲜明的不同，通过礼仪也使得基督徒形成一个自我的身份认同。在礼仪过程中基督徒利用各种形式如婚礼上的乐队、同工祷告、葬礼上的弥撒、对联等使自己区别于其他村民，但在这些仪式过程中，基督教都处于边缘化的地位，而起到决定作用的还是传统的中国文化指令，基督教在仪式中的各种行为首先要符合中国文化的"正统"。

---

[1]　Richard Madsen：*China's Catholics：Tragedy and Hope in an Emerging Civil Society*，Berkeley：University of California Press，1998.

[2]　Eriberto P. Lozada: *God Aboveground : Catholic Church , Postsocialist State , and Transnational Processes in a Chinese Village*, Stanford University Press, 2001.

[3]　David Faure: *The Structure of Chinese Rural Society : Lineage and Village in the Eastern New Territories of Hong Kong* , Hong Kong: Oxford University Press, 1986.

[4]　参见 [美] 李榭熙：《圣经与枪炮》，雷春芳译，北京：社会科学文献出版社 2010 年版。

出现这个边缘化的局面主要是基督教在东北汉人社会缺乏一个有效的组织体系，尤其是教会组织内部对于其共有财产没有一个明晰的管理制度，信徒没有定期的奉献、宗教精英按自己的意愿随意支配教会资源，使得这种排他性的宗教无法提供给信徒一些世俗礼仪，不能保证教会、公共事务正常进行，更不用提慈善等公益事业，这些都大大降低了基督教的影响和发展，这也就决定中国虽然基督徒人数众多，但中国还是传统的中国，没有被基督教化或者是西方化。

第六章　少数与多数：一个基督徒的葬礼

2011 年，由于 K 县引辽宁某企业来该县建厂，厂址就在合心村的东面，与该村仅一路之隔，村子里的房价上涨，方婶和方叔把自家的房子卖给某汽车销售公司，后在镇上购了一处楼房，方叔则在合心村公路对面的辽宁工厂打更。

方家搬到镇上，由于方叔在工厂打更，方婶经常一个人在家，就从邓姊妹家分出七八个临近信徒到徐姊妹家聚会、查经。如果没有"带导（信徒）"来带领大家学习，就由大家组织唱圣歌和查经。

第一节　飞来横祸

方婶所在聚会点每年在降生节（即圣诞节，公历 12 月 25 日）前都会在河南乡 [1] 举行文艺表演，虽然天气寒冷，但教徒热情依然 [2]。各个聚会点都会提前半个月排练节目，方婶本身就喜欢唱歌、扭秧歌，因而每年都积极参加。12 月初的每天早晨八点就要到邓姊妹家排练节目，由于 2012 年雪大路滑，方婶摔倒，轻微脑震荡，住院观察。方叔因为在工厂打更，只是偶尔回来看看方婶的病情，照顾方婶的事情大部分由方婶的儿子承担。住院第六天的时候，方婶病情有些好转，但为了尽快恢复以便参加圣诞节的演出，方婶总觉得药有点不对症，就让侄女托人找到熟悉的医生换药。第七天早晨医生给方婶换上新药后，方婶儿子就先回家了，而由方婶的侄女照顾方婶，但当输液进行到一半的时候，方婶突然脸色发白，虽然立即叫来医生，但没有抢救成功，医生最后诊断为突发心脏病而辞世。

---

[1]　邓姊妹聚会点隶属于河南教区。

[2]　2012 年，在教友的帮助下，河南乡的曹姊妹购得一处宅基地，建近 200 平方米的平房作为教堂。之前圣诞节演出都是露天的。

由于事发突然，方家赶紧通知方婶的儿子回来办理丧事，几个孩子商量后决定先将方婶的遗体寄存在殡仪馆，等待两兄弟回来后再商议后事。

第二节　是非之争

由于方婶再嫁，因而，方家也等其儿子全部到场后再一起商量如何处理后事。晚上小儿子最后一个到家的，兄弟们把事情发生情况大致说了下，最后商量如何处理后事。

赵 H（方婶的大儿子）对弟弟和媳妇们说：

> 方叔，已经说了，妈的后事怎么办全看我们的意见，他们没意见，并且大姐（徐 J）[1] 说了，所有的费用都由方家出……再则就是关于财产，妈留下的首饰，方叔已经说了都给我们，妈的财产我们还有什么要求。

大家七嘴八舌的发言，但最后大家意见基本一致，除了两件首饰，其他都不要了，葬礼的费用由方家出就可以了。

赵 H 征求赵 K 的意见，葬礼怎么办？[2] 赵 K 哽咽说：

> 既然妈是教徒，就按基督教形式办。事后赵 K 和我说起葬礼，他说：由于家庭关系比较复杂，并且妈和方的子女关系本来就不好，按照基督教的形式办，教友参加葬礼都是自己来，不用车接也不在这吃饭，这样办既简单也不铺张，给方家省钱，对方家和妈妈都是很好的交代。

曹 XH（徐的二儿媳）：

> 妈入教已经有七八年了，就按基督教的形式办。教会有专职的信徒办理丧事，我们这样做也符合妈的心愿。

赵 H 媳妇说：

> 妈刚咽气，大姐夫（徐 J 丈夫）就帮忙找了阴阳先生，先生说，妈是

---

[1]　徐的大侄女，由于其在县城工商局上班，合心村的人都很敬重她，因而，方 G 很多事都是通过徐 J 来转达给徐家的。

[2]　由于赵 K 是大学毕业，并且目前只有他没有结婚，和妈的关系也最好，因而很多事情都征求赵 K 的意见。

初七去世的,这个日子不好,有很多说道,我们不要紧,但也要为孩子想想。

曹 XH:

我们没那么多说法,什么时间不时间的,最后都是回到主的身边。要是找了阴阳先生,没事也说成有事了,他们就是为了赚钱。

大家七嘴八舌说了起来,最后,赵 K 说:

就按基督教方式办,妈是教徒,这样最好。既然阴阳先生说,有什么说道,并且已经找了 [1],就让他在基督教仪式后再搞一次吧。周日是教会日,我们就后天(周六)出殡。三嫂你就联系大姐(曹 XF,曹 XH 的大姐),看看来不来得及。

第二天,方 G 和赵的舅舅一起先到赵家,赵家兄弟把办葬礼的想法告诉方 G,方没任何意见,之后大家约于(阴阳先生)在花圈店碰面,商量葬礼事宜。于听了赵家的想法,说没任何意见,并且他自己也表示了尊重死者及家属的意见,先按基督教方式办,之后他再做一些仪式。能省的都省了,如摔丧盆、棂头幡、烧纸等。主要是初七去世,防止对后代有什么不好的影响。

阴阳先生这边刚说好,大家以为可以准备后天的出殡了,可是曹大姐却说,既然按照教会的方式办,就不能有阴阳先生出现,并且不能有任何和基督教相抵触的环节在里面。大家都表示很诧异,开始按照基督教方式举行葬礼,完事后我们再请阴阳先生来做,和前面没关系,他们有什么意见啊?

曹 XH 说:

既然是按照基督教方式来办,就不能请阴阳先生,要不只能增加妈的罪孽,况且我们这边已经举行了葬礼,后来又来一次,让妈的灵魂怎么能安息,我们教会不会答应这样做的,要不就按阴阳先生的办,二者只能取一个……再则人死了,再哭再烧纸有什么用,到天堂上,主已经给预备好了,阴阳先生就是来骗钱的。

事情再次僵住了,大家都在说按照哪种方式办的道理,最后还是赵 H 让赵 K 拿主意。赵 K 决定按照基督教方式办。葬礼上听从曹大姐的安排,之后如何"烧七" [2] 就按照他们自己的想法来做,如果害怕初七有什么影响,可以找阴阳先生,

---

[1]　当地的规矩是找了阴阳先生就是要付全套的钱。

[2]　东北习俗,从死者去世那天算起,每隔七天要给烧纸或做个仪式,但只做奇数七,即头七、三七、五七。

让他帮忙解除。虽然赵 K 看得出大嫂还是有点意见，但碍于大家都没说什么，况且也允许在葬礼之后按照阴阳先生的方式做些襄灾仪式，也就勉强同意了。

赵家兄弟把最后的想法告诉了徐 J 和舅舅以及方 G，大家都没什么意见，最后通知不用阴阳先生参加葬礼了，但该给的钱一分都不少。另一方面，赵 K 也告诉三嫂，让大姐（曹 XF）多联系些教友来参加葬礼，这样人多点不至于太冷清，大家面子上都好看。至于具体的环节，完全听曹大姐的安排。并且，曹 XH 去裁缝店，买白布并上面用红线缝上"十字架"。

周六八点两辆中巴[1]把教徒送到殡仪馆，亲友八点半准时到，在遗体告别之前，曹 XH 把事先准备好的白布直接盖在死者身上的黄布上。[2]在鲁弟兄和曹姊妹的带领下，唱圣歌、读圣经、诵读方婶的一生，最后在歌声中，大家开始遗体告别。没有烧纸，也没有嚎啕大哭，简单而肃穆，但和方婶关系要好的表妹梁 DY，还是大哭起来，带动一些人小声地哽咽着。之后，亲属推着遗体进火化室，在舅舅的指挥下，赵 H 取下封口钱收起来[3]、解开绊脚绳。在选骨灰盒的时候，赵家兄弟对方叔的儿子说，差不多就好，这个东西就是一个盒子没必要那么贵。工作人员听说是基督徒，说库房还有一个带有十字架的基督教骨灰盒，得知 6 500 元，赵家人都说贵，而方家人没表示意见，最后找人以 3 000 元买下这个基督教骨灰盒，方家也表示接受。

葬礼后，方 G 去花圈店结算阴阳先生和装老衣服[4]的费用。同时，花圈店也给准备了梯子、房梁等。赵家之后按照阴阳先生的意思，在死者出殡第三天，在殡仪馆烧房梁[5]、糕点和水果[6]、黄纸及死者生前喜欢吃的食品；去世的第七天在死者家的烟囱边烧梯子[7]和黄纸，三七、五七烧纸即可。这些场合曹 XH 及其他基督徒（甚至是方婶的二儿媳）都没有参加。

---

[1]　事前，曹 XH 已经和大姐说好，雇车钱由曹 XH 出，当天中巴车费 400 元。

[2]　当地习俗，死者去世后应该盖黄布，并且上面绣有图案。

[3]　由于是冬天，骨灰暂时寄存殡仪馆。根据当地的习俗，封口钱是骨灰下葬时放在墓地里的。

[4]　在死者去世，趁着身体还软的时候，就给死者穿上从花圈店买来的衣服，一般是一套白色内衣、棉衣和一套黑色的外套，女性穿绣花鞋子。

[5]　把一根玉米秆折成三折，共三根，中间要高一些。插在地上，意思是给死者送去将来住的房子。

[6]　糕点和苹果各五个，下面摆三个，之后上面两个，一个叠一个。

[7]　烧梯子意思是让死者的灵魂通过梯子爬上烟囱而升天。

小 结

已有关于基督教礼仪的研究说明：中国基督教的礼仪并不是西方意义上的基督教礼仪，而是和中国本土文化相结合的产物，即本色化过程[1]。因而，学术界需抛弃欧洲中心或中国中心的立场，而应该以文化互动的范式来研究中国基督教。[2] 而之前笔者对该地的研究也从教会组织、教会财产等方面说明该地基督教不具备提供信徒更多保障和世俗礼仪的教会组织和教会财产[3]，但基督教传入中国社会对社会产生一定的冲击，基督教具有"民间宗教化"[4] 的趋势，而从这个葬礼的民族志来看，基督教在与中国民间信仰的较量中取得了绝对性的胜利，这是上述理论无法解释的。

东北农村由于自然环境及村庄历史等因素导致了其村庄社会结构多是分散型村庄，这种村庄主要特征是农民的原子化程度很高，农民的认同与行动单位已回缩到了家庭以内，甚至兄弟之间也少有强有力的一致行动能力，也因此，在村庄整治舞台上活跃着就只有个人而没有集团，只有利益而没有政治。[5] 所以才会有阎云翔所说的东北农村在行动上更加偏重于"实践性亲属"[6]。因而，在村庄缺乏强有力的基层政权以及传统信仰的前提下，使得基督教很容易进入村庄，并且基督教更容易"涵化"村民的某些生活习俗，如祭祖、婚礼、葬礼等。

费孝通认为中国乡土社会是差序格局的社会结构，在差序格局中，社会关系是逐渐从一个一个人推出去的，是私人联系的增加，社会范围是以根据私人联系所构成的网络。[7] 虽然后来很多人对差序格局进行了解释[8]，但张江华的解释给本

[1] 李华伟：《基督教的文化认同与乡土社会的变迁》，载《中国农业大学学报》（社会科学版）2008 年第 3 期；张西平、卓新平：《本色之探：20 世纪中国基督教文化学术论集》，北京：中国广播电视出版社 1999 年版。

[2] [荷兰] 钟鸣旦：《礼仪的交织：明末清初中欧文化交流中的丧葬礼》，张佳译，上海：上海古籍出版社 2009 年版。

[3] [美] 斯塔克：《基督教的兴起》，黄剑波、高民贵译，上海：上海古籍出版社 2005 年版。

[4] 范慧：《基督教民间宗教化研究》，安徽大学 2011 年硕士学位论文。

[5] 贺雪峰：《论中国农村的区域差异》，载《开放时代》2012 年第 10 期。

[6] 阎云翔：《礼物的流动》，李放春译，上海：上海书店出版社 2000 年版。

[7] 费孝通：《乡土中国》，上海：上海世纪出版社集团 2005 年版。

[8] 马戎：《差序格局：中国传统社会结构与中国人行为的解读》，载《北京大学学报》（哲学社会科学版）2007 年第 2 期；阎云翔：《差序格局与中国文化的等级观》，载《社会学研究》2006 年第 4 期。

书提供了解释的视角，他认为：以个体为中心而扩张形成的社群在社会活动中起到绝对性的作用。中国的公共领域实际上是由私人领域的扩张而转化而来的，或者受到私人领域支配，从而使得中国社会公共性的供给在某种程度上依赖与取决于处于差序格局中心的某个个体或某一批个体的道德性。[1] 此外，该地基督教教徒多是通过亲属和朋友关系连接起来的，因而教会组织实际上是家庭关系的扩展，成员之间的关系依据等级权威、依附性归属、情感弥散等特殊主义规则建立起来，这些规则最终导致了基督教主要基于团体利益、内部的归属和忠诚，根本不会形成所谓的公共领域。[2] 因而，最后通过该基督徒葬礼发现：这里的农村没有学者意义上的公共关系和个人关系的区分，该地的公共关系通过私人关系扩展而来的通过之前的研究也发现，公共事务经由私人关系得到处理，私人事务也可以通过公共关系。[3]

本来一个基督徒的葬礼属于家庭内部即个人私人领域的活动，但由于人的社会属性，使得个人葬礼成为社区的"公共性"活动，个人的葬礼具有公共领域的性质。但由于中国社会结构的特殊性，使得我们在该民族志中看到，由于方婶的儿子赵 K 凭借其学识在家族事务中以及曹 XF 凭借其对教义的领悟及组织能力在基督教事务中都是"卡里斯玛"式的人物，家庭成员和教徒直接对他们形成依附性关系，因而，他们的举动直接影响到葬礼的走向。所以，在他们两人的推动下，方婶的葬礼并没有中西合璧，而是基督教取得压倒性的胜利。这也进一步说明了，在中国，基督教无法导致中国公民社会的出现。

本书虽然只是一个民族志，不足以说明中国基督教或东北基督教的普遍性问题，但至少给我们一点启发，即对于中国基督教的研究并不能仅从乡土社会宗族、信仰、教会组织等因素考虑，而是应该把中国社会结构与个人因素结合起来，才能真正理解中国基督教。同时，以西方宗教价值观看待和评价宗教在中国之存在，很多自远古以来形成的中国人世界观和共享性精神遗产都无法进入学术讨论的范畴之中，由此带来的问题是中国宗教的主体性解释难以确立，中国宗教研究难有突破，因而，摆脱对西方理论的过于依赖已成为中国宗教研究必须突破的瓶颈。[4]

---

[1] 张江华：《卡里斯玛、公共性与中国社会》，载《社会》2010 年第 5 期。

[2] 张静：《公共性与家庭主义》，载《北京工业大学学报》（社会科学版）2011 年第 3 期。

[3] 张静：《个人与公共：两种关系的混合变形》，载《华中师范大学学报》（社会科学版）2005 年第 3 期。

[4] 范丽珠：《西方宗教理论下中国宗教研究的困境》，载《南京大学学报》（哲学·人文科学·社会科学版）2009 年第 2 期。

第七章 结论与思考

即使在目前我们不能提供令人满意的答案，我们也不能放弃提出问题的习惯。

——莫里斯·弗里德曼

人类学的中国研究曾经引起世界的关注，并出现了东南地区的"宗族模式"和西南地区的"族群研究"两大范式。而东北社会，近代虽然有鸟居龙藏、史禄国和凌纯生等学者，在考古、族群、历史等方面为东北的人类学研究积累了丰富的资料，但当代除了阎云翔、刘正爱外，没有太多的学者把目光投向东北社会，致使人类学的东北研究明显滞后于其他地区。本书在反思西方社会关于基督教与亲属制度的关系的基础上，从东北汉人社会的历史出发，研究东北汉人社会的基督教与亲属制度之间的关系。

第一节 隐藏的祖先：东北汉人社会的基督教与亲属制度

东北汉人社会主要形成于近代，是一个由关内移民或其后代组成的社会。由于这些移民多是个体或家庭移民，使得这些移民到达东北后，没有如关内的宗族组织作为生活支持，只能依靠联姻等非宗亲的方式建立社会网络。东北汉人社会在不到一百年的发展历程中，相继经历了不同的政权或政府（国民党、日伪等），使得一些依靠"义行"而崛起的乡村精英受到不同程度的打压，并且东北汉人社会缺乏共有财产，使得宗族产生缺乏阶级基础和物质基础，加上中国共产党与农民结盟，把土地收归国有，最后通过土地的集体所有制改革，在东北根本无法出现共有财产的可能，宗族最后在步履艰难的发展之路上过早地夭折，使得东北汉人社会不是关内意义上的宗族社会，进而形成一个无宗族的社会。在这个社会里姻亲、非亲属关系对于民众异常重要，人们更多依靠非宗亲关系来维系生活和生产；受到东北"土著"文化的"重女"以及女性在社会中的重要作用的影响，使得妇女在家庭中地位明显高于内地女性，尤其是在当今"打工潮"的影响下，致使很多男性村民出外务工；在当今村落的日常生活中，妇女参与交往的频率提高，她们逐渐成为乡村社会的主要实践者。这些妇女不再是"泼出门的水"，而是成为维系两个姓氏的重要纽带，更是小家庭后台权力的持有者。与以妇女为纽带的"连桥"、"娘家人"都成为小家庭主要的亲属实践对象，成为小家庭生活和生产的主要合作者。

在西方基督教早期的传播过程中，基督教利用亲属和上层妇女逐渐扩大自己的势力，使得一些原属于家庭的职能转移给了教会，颁布"米兰赦令"之后，基督教成为罗马国教，在教徒不断增长的促进下，以及教会对公领域和私领域干预程度的提高，最后西方社会逐渐实现了"基督教化"。在中国，基督教也是利用亲属来传播，在一些宗族社区，出现了全族信教甚至是基督教影响地方权力的局面。但由于中国社会长期浸淫在儒学文化之中，而儒学思想要求其官僚权力的最大化，因而中国自古以来就是宗教依附于政权，宗教在传播过程中，一定要符合中国文化所要求的"正统"，否则就会被儒学政权当作邪教禁止。因而，我们观察东北汉人社会中基督教，由于东北汉人社会是一个无宗族的社会，基督教不能依靠宗族这样的亲属制度来发展出基督教村庄，而更多的是依靠姻亲或非亲属关系来扩大自己的影响。本书透过一些基督徒生活中的重要仪式（婚礼和丧葬礼），发现：在西方原本是由基督徒或教职人员完成的仪式，在东北汉人社会中只是部分由基督徒或教职人员完成，甚至一些典礼由世俗精英和民众代替基督教教职人员或成员来完成；并且在仪式过程中，有些基督教教义也被东北地方文化所"同化"，进而满足中国文化的"正统"要求，在基督徒的仪式过程中基督徒的地位由西方的"主导"变为东北汉人社会中的"边缘"。这些因素最后导致了东北汉人社会中的基督徒在面对上帝与祖先冲突的时候，不会如西方基督徒那样更多关注上帝，相反他们首先考虑到祖先，其次才是上帝，或者是变化一种形式来回避这种冲突的激化，比如保家仙，方婶面对方家的时候，必须要考虑到家里其他人的感受，虽然不去祭拜保家仙但毕竟还是在自己的家里供奉保家仙。其次，由于基督徒人数占整个社会中的比例很小，因而在一些仪式和日常生活涉及信仰冲突的时候，基督徒必须要首先考虑他所生活的社区或家庭成员的看法，顾及自己在亲属集团中的地位。所以才有"迁坟"的时候，你可以不去烧纸和跪拜，但必须参加，证明你是这个亲属集团的一员。最后，教会内部没有更多可支配的共有财产，并且教会内部的宗教精英对于教会的财产支配更多出于个人利益考量，教会组织内部缺乏一个有效的管理制度。究其这些现象产生的原因就在于：东北汉人社会的基督教缺乏完善的教会组织，教徒在教会找不到排他性宗教所能给予的"保障"和"慰藉"，各个聚会点之间没有一个完整的组织体系，无法形成凝聚力，更别提形成地方的一种权力，这样一盘散沙的发展态势又怎能促进地方社会的"基督教化"呢？因而，东北汉人社会仍然是一个传统的中国社区，基督徒虽然信仰上帝，但在东北汉人社会中处于边缘化的地位，上帝并不是东北基督徒行动的主宰，真正起作用的是隐藏在基督徒背后隐藏的祖先。

第二节　基督教与中国社会

宗教与社会关系的研究自涂尔干开始，一直作为社会学、人类学研究宗教的一种范式，但由于这种理论范式起源于西方，且西方社会由于早已实现了"基督教化"的进程，因而这种范式具有很强解释力。中国作为一个复杂的文明社会，其内在文化和社会结构的多样性，导致了宗教或信仰差异性很大，所以杨庆堃根据功能主义的观点把中国宗教分为制度性宗教（institutional religion）和分散性宗教（diffused religion），这种二分法相比较涂尔干开启的理论，更适合中国宗教研究，后来经过杜瑞乐的补充则使得其在解释中国宗教的时候更具有张力和说服力。杜瑞乐强调中国民间宗教的一体性和内在一致性，即拥有一个供不同教义互相嫁接的共同场域，从而形成了中国俗世社会的一体性，从这个方面我们深入探讨宗教与中国社会的关系。[1] 对于基督教这种排他性的宗教来说，它不具备中国宗教的内在一致性，而又要面对中国俗世社会的一体性，势必与中国文化存在着紧张的关系，这种紧张关系在本书中更多地表现为祖先与上帝之间的竞争。

---

[1]　杜瑞乐：《西方对中国宗教的误解》，载《二十一世纪》1995（29）。

中国又是一个浸淫儒学文化几千年的国家，儒学注重官僚统治的最大化，这就使得中国宗教没有一个完全脱离于政权而独立存在的组织体系，基督教又是一个外来宗教，面对这种政治的"高压"就只能"屈服"。虽然在民间社会可以广泛流传，但教会明确表示拥护党的领导，对于政治和公共事务从来不涉及，进而成为一个中国文化的"附属"，对中国社会结构和思想没有发生根本的改变。这个结论使得对于研究宗教与中国社会感兴趣的学者开始寻找基督教如何在这个具有高度一体性的社会里生根发芽？这也是本书的出发点之一，即从中国社会结构中的亲属制度出发，探讨基督教与亲属制度之间的实践关系。

中国社会具有一体性，同时中国又是一个复杂的文明社会，虽然在一个国度里，但各个区域和族群都有自己的文化和社会特质，学者要找到一种可以涵括所有中国宗教的理论可谓是道路曲折而漫长。从本书研究结论来看，中国的基督教与中国其他宗教存在着密切的关系，中国的基督教并没有明显表现出排他性宗教的特质，相反，在仪式和教义上对中国其他宗教兼收并蓄，极力证明自己是符合中国文化所要求的"正统性"。但由于各地区文化具有不同的地方性，使得基督教在与各民间宗教和地域社会相融合的过程和策略又各不相同，因而很多学者转而研究宗教与地方社会建构的关系。基督教在中国民间宗教和地方社会的互动中，如何寻找生存空间从及地方社会和民间宗教又是怎么应对基督教的冲击就成为众多学者的关注点。

研究东北汉人社会这样的无宗族的社会中基督教与亲属制度的关系之后，华南的宗族社会的亲属制度和基督教的关系将是以后的研究方向。华南地区又是基督教进入很早的地区，对于基督教藏有大量的历史资料，加上宗族势力一直都很发达、宗教信仰更加多样性，那基督教自开始传入时，它与亲属制度是怎么样的实践关系？在基督教的传播过程中，地方社会、族群、民间宗教等又是怎样与之互动的？研究对象也从利玛窦、马礼逊等精英人物转为更加关注底层传教士和基督徒的生活，利用社会史的资料，采取人类学方法，研究这些基督徒如何利用地方资源传播基督教，融入地方社会体系和网络中，进而我们可以发现基督教对地方社会的多方面影响，也可以发现地方社会对基督教传播的回应和改变。

但最后我们从亲属制度方面思考基督教与中国社会的关系的时候，会发现：东北汉人社会松散的亲属制度无法促进基督教的大发展，而且基督教在社会上处于边缘化，在某些活动上还要依靠中国的亲属制度，不能促进东北汉人社会的基督教化，那么南方虽然现在的宗族组织没有帝国时期强大，但相比较东北汉人社会而言，其亲属的力量是不可小觑的，这要使得中国南方社会实现基督教化，岂不是更是难上加难了！

参考文献

地方志·史料

1. 冯致仁：《伊通县乡土志》，伪满康德四年（1937）。

2. 《克山县志》（-1985），北京：中国经济出版社 1985 年版。

3. 《克山县志》（1986-2005），哈尔滨：黑龙江人民出版社 2005 年版。

4. 严兆零修，张玉书撰：《望奎县志》卷一"地理志"，民国 8 年（1919）本。

5. [清] 徐宗亮：《黑龙江述略》卷四"贡赋"，哈尔滨：黑龙江人民出版社 1985 年版。

中文著作

1. 鲍明：《满族文化模式》，沈阳：辽宁民族出版社 2008 年版。

2. [加] 宝森：《中国妇女与农村发展》，胡玉坤译，南京：江苏人民出版社 2005 年版。

3. [美] 莱因哈特·本迪克斯：《马克斯·韦伯思想肖》，刘北成等译，上海：上海人民出版社 2002 年版。

4. 薄洁萍：《上帝作证》，上海：学林出版社 2005 年版。

5. [法] 布迪厄：《实践感》，蒋梓骅译，南京：江苏人民出版社 2009 年版。

6. 陈彩章：《中国历代人口变迁之研究》，北京：商务印书馆 1946 年版。

7. [美] 邓迪斯：《民俗解析》，户晓辉译，桂林：广西师范大学出版社 2005 年版。

8. [英] 杜格尔德·克里斯蒂：《奉天三十年版》，张士尊译，武汉：湖北人民出版社 2007 年版。

9. 费孝通：《生育制度》，上海：上海世纪出版集团 2008 年版。

10. 费孝通：《乡土中国》，上海：上海世纪出版集团 2008 年版。

11. 高宣扬：《布迪厄的社会理论》，上海：同济大学出版社 2004 年版。

12. 顾为民：《中国与罗马教廷关系史略》，上海：东方出版社 2000 年版。

13.[美] 杜赞奇：《文化、权力与国家》，王福明译，南京：江苏人民出版社 1996 年版。

14. 范立君：《近代关内移民与中国东北社会变迁（1860-1931）》，北京：人民出版社 2007 年版。

15. 冯和法编：《中国农村经济论》，载《民国丛书》第二编第 35 册，上海：上海书店 1990 年版影印版。

16.[美] 古列维奇：《中世纪文化范畴》，庞玉杰、李学智译，杭州：浙江人民出版社 1992 年版。

17. 郭淑云：《中国北方民族萨满出神现象研究》，北京：民族出版社 2007 年版。

18.[德] 汉斯 - 维尔纳•格茨：《欧洲中世纪生活》，王亚平译，东方出版社 2002 年版。

19. 黄树民：《林村的故事》，素兰、纳日碧力戈译，北京：生活•读书•新知三联书店 2002 年版。

20. 黄一农：《两头蛇》，上海：上海古籍出版社 2006 年版。

21. 黄宗智主编：《中国乡村研究》第八辑，福州：福建教育出版社 2010 年版。

22. 黄宗智：《中国农业的隐性革命》，北京：法律出版社 2010 年版。

23. 吉林省东北史研究会：《东北史研究》第一辑，内部资料 1983 年版。

24.[美] 康奈尔：《男性气质》，柳莉译，北京：社会科学文献出版社 2003 年版。

25.[美] 克利福德、马库斯：《写文化》，高丙中等译，北京：商务印书馆 2006 年版。

26. 李德滨、石方：《黑龙江移民概要》，哈尔滨：黑龙江人民出版社 1987 年版。

27. 李峰：《乡村基督教的组织特征及其社会结构性位序》，上海：复旦大学出版社 2005 年版。

28. 李文治：《中国农业史资料》，上海：三联书店 1957 年版。

29. 李霞：《婆家与娘家》，北京：社会科学文献出版社 2010 年版。

30.[美] 李楙熙：《圣经与枪炮》，雷春芳译，北京：社会科学文献出版社 2010 年版。

31. 梁家麟：《改革开放以来的中国农村教会》，香港：建道神学院 1999 年版。

32. 凌纯声：《松花江下游的赫哲族》，国立中央研究院历史语言文化研究所单刊甲种之十四，1934 年版。

33. 路遇：《清代和民国山东移民东北史略》，上海：上海社会科学院出版社 1987 年版。

34.[美] 卢克·拉斯特：《人类学的邀请》，王媛、徐默译，北京：北京大学出版社 2005 年版。

35.[美] 罗德尼·斯塔克：《基督教的兴起》，黄剑波、高民贵译，上海：上海古籍出版社 2005 年版。

36. 罗光：《教廷与中国使节史》，台北：传记文学出版社 1983 年版。

37.[美] 马尔库斯、费彻尔：《作为文化批评的人类学》，王铭铭、蓝达居译，北京：生活·读书·新知三联书店 1998 年版。

38.[德] 马克斯·韦伯：《经济与社会》，桂林：广西师范大学出版社 2008 年版。

39.[德] 马克斯·韦伯：《中国的宗教》，桂林：广西师范大学出版社 2004 年版。

40.[德] 马克斯·韦伯：《儒教与道教》，洪天富译，南京：江苏人民出版社 2003 年版。

41. 马平安：《近代东北移民研究》，济南：齐鲁出版社 2009 年版。

42.[英] 麦格拉斯：《基督教概论》，马树林、孙毅译，北京：北京大学出版社 2008 年版。

43.[英] 莫里斯·弗里德曼：《中国东南的宗族组织》，刘晓春译，上海：上海人民出版社 2000 年版。

44. 欧阳肃通：《转型视野下的中国农村宗教》，北京：中国社会科学出版社 2009 年版。

45.[美] 彭慕兰：《腹地的建构》，马俊亚译，北京：社科文献出版社 2005 年版。

46.[美] 施坚雅：《中国农村的市场和社会结构》，史建云、徐秀丽译，北京：中国社会科学出版社 1998 年版。

47.[俄] 史禄国：《北方通古斯的社会组织》，吴有刚、赵复兴、孟克译，呼和浩特：内蒙古人民出版社 1999 年版。

48.[美] 施密特：《基督教对文明的影响》，汪晓丹、赵巍译，北京：北京大学出版社 2008 年版。

49.[法] 涂尔干：《宗教生活的基本形式》，汲喆译，上海：上海人民出版社 1999 年版。

50. 王广义：《近代中国东北乡村社会研究（1840-1931）》，北京：光明日报出版社 2010 年版。

51. 王建民：《中国民族学史》（上卷），昆明：云南教育出版社 1997 年版。

52. 王铭铭：《社会人类学与中国研究》，桂林：广西师范大学出版社 2005 年版。

53. 王亚平：《西欧中世纪社会中的基督教教会》，北京：中央编译出版社 2011 年版。

54. 吴飞：《麦芒上的圣言》，香港：道风书社 2001 年版。

55. 吴莉苇：《中国利益之争》，上海：上海古籍出版社 2007 年版。

56. 阎云翔：《礼物的流动》，李放春译，上海：上海人民出版社 1996 年版。

57. 阎云翔：《私人生活的变革》，龚小夏译，上海：上海书店出版社 2005 年版。

58. 阎云翔：《中国社会的个体化》，陆洋译，上海：上海译文出版社 2012 年版。

59. 杨念群主编：《空间 记忆 社会转型》，上海：上海人民出版社 2001。

60. 杨庆堃：《中国社会中的宗教》，范丽珠等译，上海：上海人民出版社 2007 年版。

61. 张国刚：《从中西初识到礼仪之争》，北京：人民出版社 2003 年版。

62. 张先清：《官府、宗族与天主教》，北京：中华书局 2009 年版。

63. 钟敬文主编：《民俗学概论》，上海：上海文艺出版社 1998 年版。

64.[荷兰] 钟鸣旦：《礼仪的交织》，张佳译，上海：上海古籍出版社 2009 年版。

65. 赵士瑜：《小历史与大历史》，北京：生活•读书•新知三联书店 2006 年版。

66. 周振鹤、游汝杰：《方言与中国文化》，上海：上海人民出版社 2008 年版。

67. 朱峰：《基督教与海外华人的文化适应》，北京：中华书局 2009 年版。

中文论文

1. 毕海红：《中世纪早期西欧贵族妇女与基督教的传播》，东北师范大学 2009 年硕士学位论文。

2. 陈忠、王曦昌：《东北的移民文化形态及其异化初探》，载《社会科学战线》 1997 第 6 期。

3. 成伯清：《叙事与社会学》，北京：中国社会学会 2005 年年会论文。

4. 定宜庄：《从族谱编撰看满族的族群认同》，载《民族研究》2001 年第 6 期。

5. 定宜庄、邵丹：《历史、事实与叙事》，载《广西民族学院学报》2002 年第 3 期。

6. 刁统菊：《亲属制度的另一种路径》，载《西北民族研究》2009 年第 2 期。

7. 杜婧：《试论阎云翔下岬模式的意义所在》，载《社科论坛》2009 第 4 期。

8. 杜瑞乐：《西方对中国宗教的误解》，载《二十一世纪》1995（29）。

9. 关凯：《满族消失了吗？》，北京：中央民族大学 2009 年博士学位论文。

10. 韩俊魁：《公民社会研究的人类学视角》，载《思想战线》2005 年第 6 期。

11. 郝庆云：《17 世纪至 20 世纪赫哲与那乃社会文化变迁研究》，长春：东北师范大学 2007 年博士学位论文。

12. 何廉：《东三省之内地移民研究》，载《经济统计季刊》1932 年第一卷第 2 期。

13. 何玉芳：《赫哲族 - 那乃人文化变迁研究》，北京：中央民族大学 2005 年博士学位论文。

14. [美] 华生：《神明的标准化》，刘永华主编：《中国文化史读本》，北京：北京大学出版社 2011 年版。

15. 黄剑波：《四人堂纪事——中国乡村基督教的人类学研究》，北京：中央民族大学 2002 年博士学位论文。

16. 黄剑波：《二十年版来中国大陆基督教的经验性研究评述》，黄剑波的博客：http://joshua2005bj.bokee.com/。

17. [美] 李中清、康文林：《中国农村传统社会的延续》，载《清华大学学报》（哲社版）2008 第 4 期。

18. 刘正爱：《东北地区地仙信仰的人类学研究》，载《广西民族大学学报》

2007 年第 3 期。

19. 刘中一：《人类学叙事与乡村社会研究研究》，载《黑龙江民族丛刊》2007 年第 2 期。

20. 聂佳昕：《山神崇拜与村落社会认同》，上海：上海大学 2007 年博士学位论文。

21.[美] 彭玉生：《中国经济转型中的宗族网络与私营企业》，中国社会学人类学研究网。

22. 祈庆富：《凌纯声和他的"松花江下游的赫哲族"》，载《中南民族大学学报》（哲社版）2004 年第 6 期。

23. 陶鹤山：《范式创新与终极关怀》，载复旦大学历史系主编：《近代中国的乡村社会》，上海：上海古籍出版社 2005 年版。

24. 王治心：《本色教会的婚丧礼诌议》，张西平、卓新平编：《本色之探》，北京：中国广播电视出版社 1999 年版。

25. 吴世旭：《人类学的东北研究断想》，载《文化学刊》2011 年第 9 期。

26. 萧凤霞：《中国纪元：背负历史行囊快速前进》，载《社会学研究》2006 年第 5 期。

27. 徐薇：《东北农村二人转乐队的人类学考察》，载《黑龙江民族丛刊》2008 第 3 期。

28. 阎云翔：《改革对一个中国乡村经济和社会层次结构的影响》，http://www.sociologyol.org/yanjiubankuai/tuijianyuedu/tuijianyueduliebiao/2008-09-15/6106.html。

29.[美] 杨凤岗：《中国宗教的三色市场》，载《中国农业大学学报》（人文社科版）2008 年第 12 期。

30. 杨念群：《亲密关系变革中的"私人"与"国家"》，载《读书》2006 年第 10 期。

31. 应星：《略论叙事在中国社会研究中的运用及其限制》，载《江苏行政学院学报》2006 年第 3 期。

32. 詹娜：《仪式、记忆与知识传承》，载《满族研究》2009 年第 3 期。

33. 张江华：《卡里斯玛、公共性与中国社会》，载《社会》2010 年第 5 期。

34.《中国宗教报告 2010》，http://iwr.cass.cn/xw/201008/t20100813_4445.htm。

英文文献

1.Alan Richard Sweeten: "Christianity in rural China: Conflict and accommodation in Jiangxi Province, 1860-1900", in *Center for Chinese Studies*, University of Michigan, 2001.

2.Catherine Bell: *Ritual Theory , Ritual Practice*, Oxford : Oxford University Press, 1992.

3.Catherine Bell: *Ritual: Perspectives and Dimensions*, Oxford : Oxford University Press, 1997.

4.Cohen Myron: "Lineage Organization in North China", in *Journal of Asian Studies* (49)511.

5.Daniel H. Bays: "Christianity and Dynamics of Qing Society", in *Christianity in China : From the Eighteen Century to the Present*，Stanford University Press, 1996.

6.David Herlihy: *Medieval Household* , Harvard University Press, 1985.

7.David Faure: *The Structure of Chinese Rural Society : Lineage and Village in the Eastern New Territories of Hong Kong* , Hong Kong: Oxford University Press, 1986.

8.Jacky Goody: *The Development of the Family and Marriage in Europe*，Press of Cambridge University, 1983.

9.Judd Ellen: "Niang jia: Chinese Women and Their Natal Families", in *Journal of Asian studies* 48(3).

10.Kathleen Hartford: *Single Sparkle*：*China's Rural Revolutions*, M.E .Sharpe, 1989.

11.Kristofer Schipper: "Some Naïve Question about the Rites Controversy : A Project for Future Research", In *Western Humanistic Culture Presented to China by Jesuit Missionaries : Proceedings of the Conference held in Rome* , October 25-27, 1993, ed. Federico Masini, 293-308. Rome :Institutum Historicum S.I.

12.Laurence Iannaccone: "Risk, Rationality, and Religious Portfolios", in *Economic Inquire* 33: 285-295.

13.Eriberto P. Lozada: *God Aboveground : Catholic Church , Post-socialist State , and Transnational Processes in a Chinese Village*, Stanford University Press, 2001.

14.Leopold Zscharnack: *Der Dienst der Frau in den ersten Jabrbundernrten der christliche Kirche.*

15.Margery Wolf: *Women and Family in Rural Taiwan*, Stanford University Press, 1972: 142-147.

16.Richard Madsen: *China's Catholics: Tragedy and Hope in an Emerging Civil Society*, Berkeley: University of California Press, 1998.

17.Rodney Needham: *Rethinking kinship and marriage*, Tavistock 1971.

18.Schneider Davie: *A Critique of the Study of Kinshi*, Ann Arbor: The University of Michigan Press 1984.

19.Watson James: "The Structure of Chinese Funerary Rite: Elementary Forms, Rite Sequence, and the Primary of Performance", In Watson and Rawski, ed., *Death Ritual in late Imperial and Modern china* ,3-19,1988.

20.Watson Ruubie: "'Girl' House and Working Women: Expression Culture in the Pearl River Delta, 1900-1941", in *Women and Chinese Patriarchy*, ed. Maria Jaschpok and Suzame Miers, 25-44, Loton: HongKong university Press.

21.White Michael: *Building God's House in the Roman World: Architecture Adoptions among Pagans, Jews ,and Christians*, Baltimore: Johns Hopkins University Press, 1990.

22.Joseph Gies: *Marriage and the Family in the Middle Ages*, New York 1987.

23.Zürcher, Erik: "Jesuit Accommodation and the Chinese Culture Imperative", In *The Chinese Rite Controversy : Its History and Meaning* , ed E. Mngello, 31-64 . Monumenta Series 33. Nettetal : Steyler Verlag, 1994.

24.Zürcher, Erik: "Confucian and Christian Religiosity in late Ming China," in *The Catholic Historical Review* 83(4)614-653, 1997.

附录一: "姊妹" 并不平等

——基于一个东北农村女基督徒的研究

摘要: 基督教在当代中国乡村的快速传播, 引起了学界与政府的普遍关注, 然而如何处理基督教与中国文化的关系, 成为学者的心结。纵览已有的研究, 学者们并没有就此描绘出一个清晰、有效的图式。在笔者看来, 乡村基督教的研究, 需要把握乡村社会中的亲属制度和中国社会结构的特质, 从而才能更好地理解宗教与文化的关系。本书采用人类学的研究方法, 通过一个东北乡村女基督徒的实践来说明当代乡村基督教的复杂性以及区域社会的多样性, 进而对当前宗教研究方法进行再思考。

关键词: 基督教　亲属制度　农村社会

Inequality among "Sisters"

—A study on a rural female Christian in northeast of China

Abstract: The rapid and wide spread of Christianity in the rural areas of China has aroused the intense interest of the academia and the government. However, Extensive coverage of existing research, what scholars focused on was mostly how to deal with the relationship between Christianity and Chinese culture; and up till now, there is not an explicit and effective panorama of the issue mentioned above. Starting from here, the present author proposes that to better understand the relationship between religion and culture in rural areas there is great need to include the attributes of rural kinships and Chinese social structure. Anthropological methods were applied in the dissertation, exactly speaking a case study of the Christian practice by a woman rural Christian in Northeast China, to explore the complexity of rural Christianity and the diversity of regional communities. The study can also trigger deep understanding of the status quo of religion study methodology.

Key words: Christian　Kinship　Rural Community

一、研究综述

社会学、人类学对宗教的研究大致分为三个层次：涂尔干（E Durkheim）首先揭示宗教与社会的关系；韦伯（Max .Weber）和马克思 (Karl Marx) 试图论证宗教与经济的关系；格尔茨 (C Geertz) 与特纳 (Victor Turner) 视宗教为文化的建构与实践。韦伯认为中世纪的城市和古代城市一样，是建立在共同的祭礼及其城市教会和保护神之上的联合体，所有的公民都参加圣餐和共同体的正式教会节庆活动。基督教使亲属集团丧失了所有的宗教礼仪意义。每一个基督教社区从根本上说是一个由单个信徒组成的信仰联合体，而不是由亲属集团组成的礼仪联合体[1]。在西方，宗族组织在基督教会和国家政权两种理性力量的冲击下，早在中世纪已经销声匿迹了，而在中国，宗族组织不仅完完整整延续下来，而且还得到发扬光大，在县级以下，中国农村生活是乡绅势力控制、宗族自治。韦伯观察到宗族组织是中国乡土社会中最重要的"法人行动者"，他不仅开办学校，建立祠堂，而且还拥有土地，经营手工业，为宗族成员提供贷款，解决冲突和维持公正 .[2] 而韦伯在论述儒学和新教伦理时，他认为：后者的要旨是使生物的任务客观化，而前者则力图在自然生成的个人团体圈子里，发展出自己最强有力的动机。新教徒对超世的、彼岸的上帝负有宗教义务，因此他把所有与人共处的关系——包括对在自然生命秩序中与自己亲近的事物的关系——仅仅视为超越有机生命关系的手段与这一信念的表现。而虔诚的中国人的宗教义务，旨在促使自己在既定的有机个人关系里去发生影响。新教伦理的伟大在于冲破了宗族的纽带，建立起信仰共同体与一种共同的生活伦理，他优越于血缘共同体，甚至在很大的程度上与家庭相对立。[3] 英

---

[1] 韦伯：《新教伦理与资本主义精神》，康乐、简美慧译，桂林：广西师范大学出版社 2007 年版。

[2] 彭玉生：《中国经济转型中的宗族网络与私营企业》，中国社会学人类学研究网 2005 年 1 月 29 日（http://www.sachina.edu.cn/Htmldata/article/2005/11/661.html）。

[3] 韦伯：《儒教与道教》，洪天富译，南京：江苏人民出版社 2003 年版。

国人类学家杰克·古迪（Jack Goody）的研究也进一步证明了基督教在欧洲社会的传播，解构了之前欧洲社会的父系血缘组织，进而造就了欧洲社会转型的条件。[1]

从中世纪开始，基督教的崛起逐渐破坏了欧洲原有的亲属制度，人们从血缘共同体过渡到信仰共同体，人们不再是生活在按照与祖先的远近而既定的序列里，而是平等地面对上帝，成为上帝的子民。反观，浸淫于儒学文化三千年的中华帝国，形成了不同于欧洲的社会结构。当基督教与儒学完全不同伦理制度在太平洋东岸交锋时，结果又会怎样呢？

在中华帝国时期，从天主教进入中国开始，信徒们一直就面临着"礼仪之争"。早期来华的传教士对于"祭孔"、"祭祖"与中华帝国统治者产生分歧，加之法国、意大利、葡萄牙之间争夺在中国的传教权、天主教各教会之间在神学上的分歧、当时天主教士参与中国宫廷的内部争斗，最后导致雍正皇帝于1724年下令禁教（顾为民，2000：53）。可见，早期基督教在华的传播一直都纠结在基督教的教义与中国亲属制度的关系之上，正如韦伯所言：基督教和儒学（主要是中国的亲属制度）是两种不同的伦理。儒学伦理让人非常有心计地处于他们自然生成的或由社会尊卑关系所造成的既定的个人关系中，进而维护氏族的束缚，政治与经济组织形式的性质完全依赖于个人的关系，而这些组织形式非常突出的缺乏理性的客观化与抽象的超个体的同旨协会的性质。新教将一切都客观化，并将之转化为理性的"企业"和纯客观的"商务"关系，并以理性的法律与协约来取代传统；在中国，原则上起作用的是威力无比的传统、地方习俗与具体官员的个人恩惠。[2] 因而从这种意义上说，基督教伦理与中国儒学伦理是两种完全不同的世界观，基督教主张人人都是上帝的子民，每个教徒都是平等地面对上帝，而到近代国家取代教会，逐渐发展出现代意义上的公民社会；而中国社会结构是"差序格局"，每个人都是以"己"为中心的社会圈子中 [3]，而两种伦理主要的区别就在于每个人所面对的对象不同，西方公民面对的是上帝，而中国人面对的是个人权威或祖先，从而导致了这场礼仪之争，最后以全面禁教而告终。亲属制度作为中国文化的重要方面，不仅体现在家庭内部，也同样左右着邻里和国家社会的许多方面，并且深入

---

[1]　Jacky Goody. 1983，*The Development of the Family and Marriage in Europe*，Press of Cambridge University.

[2]　韦伯：《儒教与道教》，洪天富译，南京：江苏人民出版社2003年版，第191页。

[3]　费孝通：《乡土中国》，上海：新世纪出版集团2005年版，第25页。

中国人的伦理和生活之中。

帝国时期儒学伦理（亲属制度）与基督教伦理存在这紧张的状态，那么，到了当代基督教在中国大陆上又是怎样处理差序与平等（或祖先与上帝）的关系呢？下面我以一个东北乡村女基督徒的实践来说明当前基督教面对的复杂环境以及其自身的多样形式。

二、乡村社会视野下的拉拉屯

拉拉屯位于黑龙江省齐齐哈尔 K 县城南 2 公里处，村北 1 公里有乌裕尔河，自西向东最后汇入嫩江，南 2 公里处有碾北高速公路，村东紧邻克拜公路，西面是滩地。据拉拉屯 85 岁的梁大爷回忆：20 世纪 20 年代该村只有五户人家，后来陆续迁入居民，这些居民大部分来自于东北其他地方，只有四户直接来自于关内。[1]

拉拉屯是一个自然村，主要由两个行政小队（联心二队和三队）组成，原分布在克拜公路两旁，东西绵延近 2 公里，因而得名"拉拉屯"，土地改革后，新政权把该村改为合心村。[2] 1999 年公路东面土地被证用，开办空心砖厂，十几户居民得到补偿后迁往公路西。2004 年新农村建设中把该村的行政隶属由合心大队并入联心大队，但当地人习惯上还是称其为拉拉屯或合心。拉拉屯现常住 125 户，424 人 [3]，36 个姓氏，55 个支系 [4]，一个支系最多有 16 户，最少只有 1 户。（如表 1）

表 1 拉拉屯的支系分布表

姓氏	艾	曹	陈	程	单	杜	方	高	韩	姜	赖	李	梁	吕	罗	庞	裴	沈
户数	3	1	2	9	3	5	9	2	2	9	1	13	9	2	3	1	1	1
支系	1	1	1	2	1	1	2	1	1	2	1	4	2	1	1	1	1	1
姓氏	苏	田	温	吴	徐	闫	杨	于	赵	郑	周	朱	刘	任	王	张	曲	石
户数	1	5	2	1	6	8	4	9	2	7	4	9	37	18	11	18	6	2
支系	1	1	1	1	1	1	1	1	1	1	2	4	1	2	4	3	1	1

方婶，今年 61 岁，生于拉拉屯，18 岁经姐姐介绍嫁给 K 县城东的新村农民赵某，

[1] 资料来源于 2009 年 8 月的访谈。村里人对关内的说法主要是指山海关以南，包括山东、河南、河北等省。直接来于关内的四户居民，一户是土地改革前，二户是"文化大革命"期间，一户是"文化大革命"后。都因有亲属在附近定居。

[2] 附近村庄还有铁心、钢心、铸心等。村庄名称也是共产党改造新农村的一项措施。

[3] 125 户有 5 户是外地户籍，共 15 人，1 户养猪，1 户种地，3 户从事运输业。

[4] 由于拉拉屯可追溯到 20 世纪 20 年代，因而这里的支系主要是指从村民记忆里，有共同祖先的一些家庭，统称为支系，当地人称为"支"。

婚后主要从事养殖业，育有三个儿子[1]，1998年因感情不和与丈夫离婚，此时三个儿子都结婚单过，方婶2003年嫁给拉拉屯的方叔，之前方叔与去世的前妻育二儿二女，都已经结婚另过。方家祖籍山东邹县，其祖上迁居辽宁省法库县，后来方叔的爷爷抽大烟导致家道中落而去世，方叔的爸爸与方叔的奶奶投奔拉拉屯的舅舅，第二年方叔的奶奶改嫁到依安县，而方叔的父亲则在拉拉屯其舅舅家长大，与前村女子结婚。方叔的四个弟弟和一个妹妹、方叔的二个儿子和一个女儿都生活在拉拉屯，与本地人结亲。方家系谱图如下：

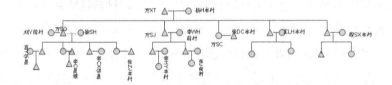

图1 方家的系谱图[2]

方婶的娘家姓徐，其祖先躲避义和团逃难到辽宁，"九·一八"后在双城短居，后方婶的爸爸和奶奶辗转来到拉拉屯，娶梁姓女子。而梁姓是拉拉屯人口较多的三个姓氏之一。婚后生有四个儿子和二个女儿。方婶的大姐大哥家都在县城生活，二哥和弟弟都在该村生活，三弟随儿子在长春生活。方婶与前夫赵某的三个儿子中，一个在县城，另两个在外地打工，都娶本地姑娘。徐家系谱图如下：

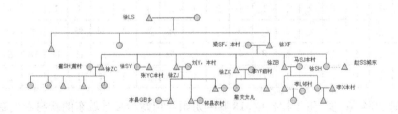

图2 徐家的系谱图

该村村民见面都会根据对方在自己的亲属体系中位置，找到一个合适的称谓

---

[1] 方叔与前妻的孩子都用A表示，方婶与前夫赵某的子女都用B表示。如A2代表方叔的第二个孩子。

[2] △代表男性，○代表女性，实线代表现在为夫妻关系，虚线则是已经离婚。

称呼对方，并且父系亲属在该村中并不如一些学者所言占绝对主导地位，很多村民都是依靠联姻或非亲属关系来扩展自己的社会网络。以方家为例，依据图1，方叔这辈人通过联姻，使得方家与徐家、李家、张家、王家、段家以及刘家都结为亲属，而方姓家庭在户籍上登记只有9户，而方家的直接姻亲至少有30家（以户籍上的家庭数为准），很有意思的是：这样的联姻也导致了该村很多人通过不同的亲属关系可以有不同的称呼，甚至在辈分都出现错位的现象，比如方婶侄女的丈夫是李CF的儿子，而李CF的堂妹又嫁给了方叔的儿子。

拉拉屯所在的乡镇S，每周三有一次集市，集市位于乡政府所在地，附近农村都在集市的四4公里范围内，村民步行一个小时，骑车在半小时左右就可以到达，村民们周三早晨三五成群去集市买卖生活用品，在午饭前回家，一些妇女为了做饭会早去集市。施坚雅（William Skinner）分析中国提出了市场圈理论，他把中国市场分为三种层次，并且认为基层市场对于农民来说尤其重要，基层市场的职能为了满足农民的需求而交换他们的产品，交换信息，农民常常在这个市场社区内娶儿媳，基层市场社区中有一种农民阶层内部通婚的特别趋向。因而从这个层面上说，拉拉屯的通婚范围再次印证了施坚雅的基层市场理论，通过联姻也巩固了该社区网络的完整性。

方婶勤快、热情、心直口快，因而，在拉拉屯，大家都叫她"大辣椒"，这些特点使她在过日子以及与邻居相处时很受欢迎，而一旦与晚辈相处的时候就会发生矛盾，尤其是婆媳之间。K县农村的习俗是无论独生子还是多个儿子，结婚后都分家单过，因而长辈和晚辈缺少一个熟悉和适应的过程，婆媳之间产生矛盾在拉拉屯已经司空见惯了。方婶无论是与自己的三个儿媳还是与方叔的孩子之间都存在很多不适应，并且还曾经发生过争吵，尤其是与方叔的孩子矛盾更深，虽然偶尔也有礼物的流动但双方心中总是有点芥蒂。并且，由于个性与个人主义的兴起是集体化时代国家对本土道德世界予以社会主义改造以及非集体化之后商品生产与消费主义的冲击所共同作用的结果，这些个人主义的产生就更使得核心家庭快速增长，也使得两代之间的关系出现许多不和睦的现象。

"远亲不如近邻"用于描述拉拉屯的村民关系再合适不过了，只要在大家力所能及的情况下都会尽力去帮助那些有困难的家庭，就如方婶所说"谁也没抱谁家孩子跳井"[1]，没那么的深仇大恨，都是抬头不见低头见的屯邻。方婶也是村

---

[1] 这是东北农村用于描述人们之间最大仇恨的一句话，抱着别人的孩子跳井，意思就是让他家断子绝孙。

里有名的厨艺高手，2011 年，拉拉屯新盖二十多座房屋，至少有七成的人家请方婶给做饭，尤其是炸江米条 和丸子，给这些帮工 [1] 当零食吃。自从嫁给方家后，还经常给人保媒。

方婶家前院是其舅舅的女儿家（梁 SY），叫方婶为二姐。由于梁 SY 会看病 [2]，经常有人找她看病，有些让她看好的青年男女，就认梁 SY 为干妈。春节后方婶去表妹家借东西，看到有个姑娘在她家炕上坐着，并且叫梁为干妈，方婶就知道这就是前几天表妹对她提起的前屯铁心的孙姑娘，二十八了，由于有病一直没结婚。梁 SY 送方婶出来的时候，方婶就偷偷地拉着表妹到院外说：

方婶：你干姑娘（干女儿）现在找婆家没？

梁 SY：没呢。这么大了，加上有病，难找！前几天她妈还让我给介绍呢。但哪有年龄相当的啊。

方婶：我看到她就想到一个人，你看张三咋样（怎么样）？

两个人就这样嘀咕几句，最后表妹让方婶去问老张家，自己问干女儿家什么态度。临分开的时候，方婶说：

你要记住，这彩礼方面可不能多，张三家就是没钱，要不那么勤快的小伙早就结婚了。

很快晚上就有消息了，双方同意见面。但张三和爸妈在黑河打工，张三要明天上午才能到家，第二天方婶领着张三和她大嫂去表妹家，和孙姑娘家人见面，大家基本上都还算满意，方婶就让张三带着孙姑娘去县城逛街，给两个人单独见面的机会。县城里张三觉得孙姑娘穿的衣服少，还给她买了一条毛裤。晚上方婶和表妹认为，该让张三的爸妈见一下，第二天一早他们坐火车去黑河，让老人看下，可是到了黑河的晚上，孙姑娘就说身体不舒服，张家见状赶紧送回来。晚上表妹回话：孙姑娘要八万彩礼。

当初介绍的时候我就说，张三家没钱，要不早就结婚了，八万太多了，张三

---

[1]　帮工在东北农村很普遍，类似与华北的换工，不仅在耕作上，还有人生礼仪等场合上。参见张思：《近代华北村落共同体的变迁》，北京：商务印书馆 2005 年版。

[2]　类似与东北农村的跳大神，据说梁 SY 有一天早上起来突然有病，后来好了以后就能给人看病了，梁看病不用请神等仪式，有点类似于算卦、占卜，但还会提到鬼神之说。来找梁看病的都是外病，受到鬼神侵害才得的。

妈说了，现在手里有三万块钱，两个哥哥还能给凑点，但八万肯定不行。要是有这么多也早就结婚了，能拖到现在吗？

方婶口气里夹带这不满。

表妹也给了最后的回答，这件婚事最后没成。孙姑娘托表妹把毛裤钱带给方婶，转交给张三。以为这件事就过去了，可是没出三天，村里人都说孙姑娘给了梁 SY 的古北干儿子田 F，并且就要了三万元买鞋衣服和家电。方婶顿时觉得受骗了，因为当初张三和孙见面的时候，孙和家人都说一切听干妈的，而孙到黑河就给梁 SY 打电话，说了好半天，之后就对张三说病了。方婶觉得这一切都是梁 SY 在当中做手脚。于是直接去梁 SY 家，质问这件事为什么会这样？虽然没什么结果，但最后导致方婶半年没和梁 SY 说话。

2011 年在梁 SY 盖新房的时候，有机会见到了孙和田两口子来帮工，提及他们结婚的事，孙说：

> 当时第一次见到张三觉得人挺憨厚的，但看到他的家，太穷了，我就害怕了。后来，干妈想到小田，之后我们才见面相处的。方婶误会我干妈了，干妈也是出于好意，觉得我们两个条件相当，才介绍的。

但方婶却认为：

> 当初我们介绍的时候，孙挺满意的，我以为肯定能成，后来肯定梁 SY 在里面挑事了，可能她想把孙介绍给她的干儿子，因而在里面没填什么好言（说坏话的意思）。她的干儿子长相还不如张三，还离过婚有一个五六岁的儿子……这些拜魔鬼的，没一个好人。

"你为啥介绍给张三啊，还为了他得罪表妹，值得吗？"笔者问道。

> 张三多好的孩子，老实、本分、勤快，就是家里穷耽搁了。他妈告诉我过很多次了，让我帮着找个对象，结过婚的也没关系，老张家人都不错，能帮的当然帮了，这件事就是我表妹做的不对，虽然是亲戚我也不能让张三不明不白地给甩了啊。走到哪我都敢这样说！

按照亲属关系来看，方婶不应该为了一个"外人"来得罪自己的亲属，而现实的生活却是方婶为了自己所谓的正义得罪了亲属，并最终归结为宗教之间的差异。

随着城镇化的推进，拉拉屯在籍人口的一半在外打工，当然也有许多的留守妇女、儿童和老人。这就使得日常生活中，妇女在亲属实践中占据主导地位，甚至在一些男人也在该村劳作的家庭里，妇女依然活跃在亲属网络中，正如朱爱岚（Ellen R. Judd）和白馥兰（Francesa Bray）在论述中国妇女的家庭地位时候所得出的结论：中国妇女在家中地位一直都很高，妇女一直都是家庭中重要的劳动力，丈夫—妻子的经济伙伴关系具有特殊的重要性，从某种意义上讲，父与子或兄弟之间的合作变得不那么必不可少了，因为妻子是专职的创收者。[1] 从近代开始，到东北移民的基本上都是单人或单个家庭，几乎不存在家族集体移民的情况，因而妇女从女儿身份开始就直接参与家庭生产活动，结婚更是家里重要的劳动力以及家务的主要承担着。而当代家庭结构已经发生巨大的变化，核心家庭日益突出，拉拉屯大部分年轻人结婚就直接分家单过，因而村民们时常谈论的还是结婚费用和婆媳关系，也正是由于结婚即分家单过，导致了结婚费用节节上升，未婚姑娘从相亲开始就盘算自己的小家庭，因而就彩礼与夫家讨价还价上从来不会让步太多，这样为自己将来的"生活家庭"奠定一个良好的经济基础，而李霞在华北调查后，从生活实践角度来理解家庭，她认为：妇女作为生活家庭的主导推动者，并且女性在这个村庄网络构建中扮演者重要的角色，因为她们经常是亲属互动的执行者，而且由于她们在家庭中的核心角色，她们往往能将个人关系扩展为家庭之间的关系。[2] 因而阎云翔在对下岬村的礼物流动研究中表明：社区的巩固与合作是通过亲属和非亲属关系双重关系来决定的。[3] 而如拉拉屯这样的东北汉人社会由于移民、生产、环境以及当代家庭结构的变迁等因素导致了非亲属实践的增多以及妇女地位突出的社会图景。

三、拉拉屯里的"姊妹"[4]

拉拉屯村民主要的信仰有地仙信仰[5]（刘正爱，2007）、佛教、道教以及基督教，

---

[1] 朱爱岚：《中国北方村落的社会性别与权力》，胡玉坤译，南京：江苏人民出版社2006年版，第157—158页；白馥兰：《技术与性别》，江湄、邓京力译，南京：江苏人民出版社2006年版，第214页。

[2] 李霞：《婆家与娘家》，北京：社会科学文献出版社年2010年版，第228页。

[3] 阎云翔：《礼物的流动》，李放春译，上海：上海人民出版社1996年版。

[4] "姊妹"是基督教内部对女性教徒的称呼，对男性教徒称为弟兄。

[5] 刘正爱：《东北地区地仙信仰的人类学研究》，载《广西民族大学学报》（哲学社会科学版）2007年第6期。

地仙主要是受通古斯语族居民的影响，信仰黄仙（黄鼠狼）和狐仙（狐狸），村里 70% 家庭都供奉保家仙，这些主要是因为家人曾经有过病 [1]；也有些家庭供财神和观音；七户村民中各有一家庭主妇信仰基督教，七人的年龄都在四十以上，六人患病、一人老伴去世自己独居；四个是实在亲属 [2] 关系，另外三人都与四人中某人来往密切。

据方婶讲：与前夫赵某结婚后一直从事养殖业，身体过度操劳，当年她生三个儿子的时候，都没有"出满月"就下地干活了，尤其是冬天几乎是扎上腿布 [3]，背上孩子，在外面挤奶、喂猪等。与赵某离婚后，方婶一直独居，心情很压抑。2004 年经检查方婶患有风湿、高血压等病。2005 年方婶在 B2 媳妇的介绍下正式入教，方婶一个月最少有两次 [4] 参加县城南邓姊妹家的教会，B2 媳妇自己在家放"教会"。方叔的二儿子 A2 家养车贩运河沙，A2 的媳妇由于有乙肝，只在家做饭和简单农活，在 2006 年经娘家亲属介绍也参加了基督教，隶属河南孙姊妹家的教会，但她很少参加教会活动。方婶、A2 媳妇、B2 媳妇都隶属于 K 县河南教区。K 县河南教区主要有两个基督教节日：复活节（公历四月四日）和降生节（即圣诞节十二月二十五日），复活节是庆祝耶稣复活，教会要求信徒要先禁食三天，之后在各自的教会吃圣餐，即吃主肉（大饼）、喝主血（葡萄酒）。方婶说：

> 虽说是禁食三天，教会里的姊妹多是年龄比较大的，还有几个七十
> 多岁的，我们一般都是在那天（四月四日）早晨不吃饭，早晨八点开始
> 吃圣餐，圣餐后还为新入教的（信徒）做洗礼 [5]。

> 降生节之前各个教会都要排练节目，主要是唱歌、跳舞，有的弟兄
> 还编排相声，可有意思了……前年还有人编演二人转，内容都是赞美主，
> 也有讲信主后的好处和见证的。十二月二十五日或前一天我们信主的都
> 集中在河南表演节目。

---

[1] 这些病开始的时候去医院都没治愈，后来找些跳大神的、算卦的，他们要求村民供奉这些神灵才能康复。

[2] 实在亲属是指存在着直接的血缘关系的亲属，一般都在三代之内。

[3] 东北由于天气严寒，一些人习惯把棉裤腿口用布条扎起来，这样防止冷空气侵害身体。

[4] 邓姊妹家的教会是每天下午都有，但方婶是只有周日才去。夏天每周都去，冬天就视天气和家的情况而定，但平均下来一个月一次。并且在 K 县教会里，教徒之间称女教徒为"姊妹"，称男教徒为"弟兄"。

[5] 受到条件和传统思想的限制，东北乡村基督教采用的是点水礼。

2010年降生节，我参加了该教区在河南乡永胜和太平的两场庆祝活动，近百名教徒站在冰天雪地里表演节目，庆祝耶稣的诞生。信徒们在表演服装下穿着厚毛衣裤，坚持了四个小时，正如邓姊妹所说：大家经受寒冷的考验，坚守自己的信仰，保守着对主的誓言。

中国人的春节不仅是食物的盛会，同时也是各种神灵的聚会。在春节之前的几次聚会，邓姊妹特意强调几次，信主的不能参加祭拜魔鬼的活动。并且齐齐哈尔地区的教会统一给大家印制教会对联，只收工本费，免费发放主日单。方婶也借机给邻居送几张，让大家作为挂历贴在墙上。

图3　主日单　　　　　　图4　基督教对联　　　　图5　柜橱里的保家仙

2011年春节期间我随方婶去B2家送过年食物，刚坐下的时候就看到B2家的孩子在叠纸飞机玩，当纸飞机落到方婶脚下，方婶看到是用主日单叠的飞机。就急忙捡起来：

> 败家孩子，用什么叠不好，偏用这个，主会不高兴的，让你妈知道看揍你们不？

吓得两个孩子跑出去玩了，方婶小心地展开主日单，虽然她家显眼的位置有个了，但方婶找到胶布还是贴在墙上。

A2家早就提前告诉大家正月初六去她家吃饭，方婶早去早就去A2家，用方婶的话就是怕A2家挑理，肯定要让自己做菜的，还不如早点去省的他们叫了。到后方婶直奔厨房，忙活起来。但吃饭的时候，方婶由于有糖尿病只是简单吃点清淡菜。回家的路上我询问方婶，是否累了，脸色不是很好。方婶气嘟嘟地说：

> 做饭时候，我打开最下面的一个饭橱，里面供着魔鬼（保家仙），
> A2媳妇见我看到，立即关上还说，方C（A2）前段时间有病，梁二姨（梁
> SY）说，他爷爷找他要钱了……我都纳闷了，要钱也该向他儿子要啊，
> 怎么要到孙子家了，看到魔鬼（保家仙）我就觉得胸闷，我们一再强调

信主的不能供魔鬼，我听邓姊妹说后，回家我就把魔鬼扔出去了，后来老太太来说，这是他们家几十年的了，不能不供我才勉强同意，你方叔放一面镜子作为保家仙的排位，年节时候前面摆些果品。

你看A2媳妇那么瘦，病多着呢！肝炎、心脏病，每年都要输几回液，信主后好点，可稍微好点就不去教会了，还在家供魔鬼了，你看A2身体这么好，肯定也是给她（A2媳妇）供的，还和我说谎，一点都不像我们信主的，难怪主不保佑，去年发生了车祸。

A2和B2都自己养车从事运输业，A2有近十年开车的经验，B2是2006年新学的驾照，其实就是用2 600元买个驾照[1]，跟着朋友的车三个月后就自己开车了，由于B2开的车是加长的卡玛斯（一种大型运输车），一次夜里开车打盹，车就翻到沟里，人车都是皮外伤，怕方婶担心，事后两个月B2才告诉方婶。2009年1月，A2开车运沙子，路滑车翻，轧死一个行人。经过方叔和大家的调和，最后经私下了结，赔偿对方十万元。那段时间方婶也放弃冬天平日打麻将的习惯，她说"如果还打麻将，A2家更说自己不关心他们了，虽然不能帮什么，就给这些人端茶倒水吧！这事也真是够闹心的"事后，我们谈论开车危险时，方婶说：

你看A2的媳妇夏天开个微型车，烫大披肩发，这个"得瑟"（东北话，特能显摆的 意思），我就觉得没好'得瑟'劲。你看这下出事了吧。她有时间也不参加教会、祷告，当然神不能保佑她们家了，我家B2没正经开过车，翻车都没事，都是神的保佑，要不是我和儿媳妇每天给他祈祷，能逃过这一劫吗？……另外你看，年前B2家的小超市，周日有六个信徒在她家开教会，那天八点刚要关门开教会，这时正好有一人，来超市买了八九百的东西，她平时一上午也就卖这些钱呗。这说明啊，只要忠诚于主，主就会保佑他，只要不离弃主，主就会看护他家人。

由于烟草公司对不同价位的香烟限购，尤其是每包五元以下的，每个月只给三条，这样在B2开的小超市根本不够卖[2]，因而B2媳妇从私人烟贩子手里买来

---

[1]　K县一些人利用自己在齐齐哈尔交通局的关系，以低于市场的价格（4 000元左右），并且还不用学习就可以直接去考试，并且考试的时候有人帮助，这样很顺利的获得驾驶执照。

[2]　由于K县是农业县，人均年收入不到4 000元，因而香烟3—5元的最好卖，烟草公司为了销售高价位的香烟，规定个代售点从烟草公司进十条低价位香烟必须进两条每包10元的香烟。

很多低档走私烟，每盒的价格比烟草公司便宜 0.5 元，由于这些烟不是正规渠道，因而只能偷偷卖，售价和烟草公司的一样，周围很多打工的来她家买，还说就喜欢这个味。方婶对于这件事看法是：

> 这些还不是神的眷顾，要不是 B2 媳妇在家放教会，并且周日上午关门开教会，能有这样的好事，这不都是神的保佑，你为神祷告，神肯定保佑你，神会让他的子民发财的。

圣经要求每个信徒都要遵守"十诫"，这样才能得到主的福佑。信徒在上帝面前都是平等，都是主的子民。方婶、A2 媳妇、B2 媳妇都是教会的信徒，为什么方婶对待 A2 和 B2 对待私人关系处理和翻车的事，会存在不同的说法呢？到底是什么致使方婶产生这样不同的看法呢？

四、讨　论

回应前面，本文主要讨论是东北乡村基督教呈现什么样的特殊形式，并且在此基础上对当代中国宗教研究的方法进行再思考。

首先，通过上述材料看到，方婶及其他教徒的基督教特质并不明显，并且似乎根本不是一个教徒的所作所为，和中国农民表现没有什么差异，因而吴飞认为：（在段庄）天主教没有形成与新教一样的一套有效的技术从而改变日常生活的伦理，而只是在仪式上和组织上形成了一个天主教身份亚群体，但未在伦理层面使天主教有别于普通农民。[1] 而当我们在拉拉屯附近调查的时候发现，在这些教徒眼里，天主教和新教没有本质的区别，至多就是圣母与耶稣之别，而从表面上看，教徒似乎和其他村民也没区别，但是教徒的每周查经时间安排确实在不知不觉改变他们的生活，比如周日的时候，常和方婶打麻将的村民知道，这天上午方婶要去查经，因而逐渐这天不去找方婶了，而一旦方婶周日上午去打麻将大家还会诧异地问为什么没去聚会？"对联"也在告诉人们这是个基督教家庭，比如一些送财神、吊丧的人都不会通知他们，除非有实在亲属关系；教徒的人观等方面都在潜移默化地改变，因而基督教对日常生活的规范和公共空间的创造是互为表里的：一方面，在遵循这些规范的时候，教徒们不知不觉中创造了一个共同体，并在一

---

[1]　吴飞：《麦芒上的圣言》，香港：道风书社 2001 年版，第 193 页。

定程度上划分了群体内外的界限；另一方面，当这个共同体被创造出来的时候，它便会按照自己的形式塑造个体与村落的生活。村民们自己创造出了这种共同体，反过来又感受了共同体的力量。[1]

通过方婶的案例，我们发现当代东北乡村基督教并没有形成如华南、华北那样的强大的势力。[2]为什么东北乡村基督教的表现形式这么独特？现在学界们普遍认为乡村基督教的传播主要依靠亲属网络，通过方婶的例子可以看到亲属网络在日常生活并没有那么重要，而非亲属关系则逐渐上升，这主要是与东北汉人社会的形成有关。东北从清开始总是在封禁和解禁中摇摆，早期迁移到东北的汉人大部分是流人、流民以及那些垦民[3]，他们中除了流人外其他大都是季节性移民，即使是定居东北的也多是单个人或单个家庭的迁移，因而在东北无法形成大的宗族势力和宗族村庄，使得基督教的传播丧失了传播网络。此外，由于没有强大的宗族组织，其可渗透性就会增强，就会如同黄运的北部地区一样很容易受到外来势力的侵入。[4]中国的社会是"差序格局"结构，如果基督教欲形成自己的公共权力，进而影响村庄的公共事务，村落内部就要有一个"卡里斯玛式"的人物出现，这个人首先信仰基督教进而带动其他人归信，从而促进基督教的在乡村社会中的公共权力的发展。[5]东北汉人社会由于形成时间晚，加上其可渗透性，抗日时期，共产党就进入该地，很快吸收村里的"卡里斯玛式"人物，逐步把他们改造成党的模范、坚定的无神论者，这些人在党的教育下，把宗教当作鸦片，并且，基督教又与中国近代的屈辱历史紧密扣联起来，因而在共产党的领导下，在这些模范人物的推动下，东北乡村社会过早就使得宗教进入地下，堵死了东北形成基督教村庄的路径。格拉克（L. P. Gerlach）和海因（V. H. Hine）对于灵恩派基督教的

---

[1] 刘淇：《信仰的地方表达与实践》，金泽、陈进国主编：《宗教人类学》（第二辑），北京：社会科学文献出版社 2010 年版，第 139 页。

[2] 张先清：《官府、宗族与天主教》，北京：中华书局 2009 年版；黄一农：《两头蛇》，上海：上海古籍出版社 2006 年版。

[3] 石方：《黑龙江区域社会史研究》，哈尔滨：黑龙江人民出版年 2004 年版，第 152—200 页。

[4] 彭慕兰：《腹地的建构》，马俊亚译，北京：社会科学文献出版社 2005 年版，第 15—28 页。

[5] 他认为：作为社会结构概念的"差序格局"，其实际的含义是强调由"差序"所构成的社会组织在中国社会中占据主导和支配地位。也就是说，以某个个体为中心而扩张形成的社群在社会生活中起到决定性的作用。中国所谓的公共领域实际是由私人领域扩张与转化而来，或者受到私人领域的支配，从而使得中国社会的公共性供给在相当程度上依赖与取决于处于"差序格局"中心的某个个体或某一批个体的道德性。

组织结构特点归纳为：权力下放、组织分散和网状关联。[1] 这种组织的特色在于：一方面它缺乏一个有效的集中权威来统一规范各地的福音传播行为；另一方面却又凭借其人员的网状组织结构，使得信徒们前往新地区传道时很容易就能获得支持。同时由于这种组织结构的特点，当地的基督教领袖们常常采用"卡里斯玛式"的复兴运动这样一种便捷有效的方式。[2] 虽然东北村庄缺少"卡里斯玛"，但一些信徒自愿组织起来成立教会后，教会内部逐步形成一个权威人物即教会的"卡里斯玛"。东北乡村基督教领袖的"卡里斯玛"不仅来自圣经赋予她的神圣性，比如她对圣经的领悟比别人高；同时也来自于世俗社会，如方婶每次聚会都在邓姊妹家，邓姊妹为大家准备了凳子、茶水，排练节目时候虽然大家都拿些食物，但和这些东西相比，邓姊妹付出更多，因而在圣诞节排练过程中，邓姊妹和王姊妹对于如何摆放动作发生争执的时候，大家主要是观望或调解，甚至有时会倾向于邓姊妹，毕竟这个教会是邓姊妹组织的，实际上也是这个教会领袖，在教会这个组织中，邓姊妹无疑就是那个"卡里斯玛式"领袖，一方面她组织日常和节日期间的各种活动，同时她也代表教会常出去给别的教会带导，这个教会一直都在以邓姊妹为中心。但同时我们也发现这样的组织系统，一旦教会领袖的"卡里斯玛"不存在，那这个教会就会就很可能不复存在。此外当教会领袖由于个人原因不再领导教会的时候，由于没有直系的上级组织，因而就会导致这个教会的信徒脱离教会，方婶家原本也有教会，但 2006 年她出外打工，由于没有其他人组织拉拉屯信徒的教会生活，当一年后她回来，再组织大家的时候，有两个姊妹再也没有参加，因而由于人数少，方婶才来到邓姊妹家聚会。所以，众多因素导致东北乡村基督教特殊的组织形式和结构，东北乡村大部分都是几个信徒在村庄里孤军奋战，并且有逐渐被乡村社会边缘化的趋势。

中国是一个复杂的文明国家，有着多元的宗教生态系统，因而当一些西方理论运用到中国社会中就会有"消化不良"的情况，根据中国的实际情况发展自己的宗教研究理论是学界的迫切要求。下面我以陈晓毅博士的"三层楼"结构模式为例，探讨宗教人类学研究方法。陈晓毅在研究贵阳青岩基督教时提出"三层楼"

[1] Gerlach Hine, 1970, "People, Power, Change: Movement of Social Transformation". Indianapolis:Bobbs-Merrill.

[2] 罗宾斯·乔尔：《灵恩派基督教的全球化》，金泽、陈进国主编：《宗教人类学》（第二辑），北京：社会科学文献出版社 2010 年版，第 361—367 页。

结构模式来解释基督教和汉族民俗宗教的相遇、相处和互动,他认为各民族以"祖"信仰为重要范畴的民俗宗教处于底层;儒释道等与民俗宗教有着千丝万缕关系的制度化宗教处于第二层;基督教、天主教、伊斯兰教等有明显异域色彩的,以"主"信仰为核心的、反对祖先崇拜的制度化宗教处于第三层。陈认为第一层与第二层在祖先崇拜上有较强的认同感,第三层与第一层、第二层关系紧张,在某些宗教信念上存在严重的对立。作者最后认为三次层楼结构的视角观察中国目前的宗教层级关系,可以得到较为系统、完整的印象。[1] 如图 6 所示(作者根据陈晓毅的叙述画成)。

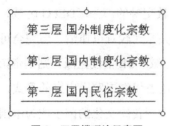

图 6　三层楼理论示意图

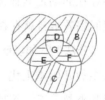

图 7　三环(圆)结构模式

但周星认为,(对于三层楼结构)作者乐观地认为,处于第三层的基督教和基层的民俗宗教之间终归会伴随着双方不断的互动而发生群体符号边界的模糊现象,进而达致较为和谐的状态,基督教也将从与民俗宗教对立的第三层进入与民俗宗教关系密切的第二层,由于它为青岩地区的民众提供了迥异于当地传统的人生观、世界观和伦理观,因此也就为民俗宗教所植根的地域社会里被边缘化的那些成员提供了选择新信仰的机会。但此种整体生态果真是上下层级的关系?在这种结构里,是否也就有有意无意地为宗教的高与低或更加宗教和不太那么宗教之类的偏见预留了空间呢?[2] 因而借鉴陈晓毅的理论,考虑到中国多元的宗教生态,各种宗教彼此交融,此外中国民俗宗教(民间宗教)本身就与中国传统的儒释道密不可分,因而真的把彼此划分出明确的界限在中国是不可能的。因而我提出三环(圆)结构模式,如图 7 所示,三个环(ABC 所在的圆)分别代表三种不同的

---

[1]　参见陈晓毅:《交响与变奏:青岩宗教生态的人类学研究》,中山大学人类学博士学位论文,未刊稿;《中国式宗教生态——青岩宗教多样性个案研究》,北京:社会科学文献出版社 2008 年版。

[2]　周星:《祖先崇拜与民俗宗教》,选自金泽、陈进国主编:《宗教人类学》(第一辑),北京:社会科学文献出版社 2009 年版,第 251—252 页。

宗教生态，即基督教、伊斯兰教等国外制度化宗教（相当于三层楼中的第三层）、儒释道中国制度化宗教（三层楼中的第二层）中国的民俗宗教（三层楼中的第一层 C）；每个圆都有自己的圆心，其圆心表示这种宗教的思想和根基最强的部分，随着向外扩散其势力逐渐降低，根据宗教分布区域靠近那个圆心来给其命名；比如关公信仰，原本属于民间宗教范畴，源于民众对其忠勇的敬仰，但历代统治者以及儒学学者不断对其追封，使得关公成为公、王甚至是圣人和财神，但这些都是建立在其忠勇的基础上，因而关公信仰没有被纳入制度化宗教依然属于民间宗教的范畴。三个斜线部分代表着三种宗教的原发形态，但当代中国基本上已经见不到了，而存在的则是其他部分，即各种宗教交融的部分（DEFG 区域）。由于儒释道和民间宗教本身就存在密切关系，其关系比较难以厘清，但完全可以利用杨庆堃的"二分法"[1] 加以研究。其他两个区域（DE 横线区域）则是帝国晚期，基督教、天主教开始本土化／本色化运动后在当代中国发展出来的形式，通过这场运动使得基督教、天主教吸收中国宗教和中国传统文化的因子成为中国的基督教和天主教。图 8 中空白区域（即 G 区域）代表改革开放以来在中国农村兴起的乡村基督教，这种宗教形态一方面是本土化后向农村延伸而发展出来的，还有是国外宗教通过资助一些聚会点而发展起来的，例如方婶所在教会，隶属于齐齐哈尔市分会，是受到温州和南方一些基督教会资助逐步发展起来的，因而这些乡村基督教一方面声称坚决拥护共产党的领导，另一个方面他们还声明自己不是"三自"领导下的教会。在日常生活世界里，这些教徒又很难与其他村民区分开，而在他们身上能找到中西文化的影子。正如本书方婶的例子，方婶信仰基督教，是以圣经为根本，以耶稣为崇拜对象的一神教。而在实际生活中，方婶在祷告和查经都采用跪拜、叩头，年节还会贴对联，教徒的婚礼上还会有过马鞍、撒床等中国传统的习俗形式；而在具体讲解圣经教义以及劝导信众日常行为的时候，带导者用儒学的仁、礼、孝、德等来指导信徒的日常行为，甚至是一些见证也尽可能不偏离基督教的宗旨同时也符合中国传统思想文化的要求。因而用"三教合流"来说明当代乡村基督教再合适不过了。

---

[1]　杨庆堃：《中国社会中的宗教》，范丽珠等译，上海：上海人民出版社 2007 年版。

图8 聚会上的唱圣歌

图9 饭前祷告

三环结构不仅能生动表现出中国宗教的多元并存的生态模式，即基督教、儒释道、民间宗教并存，而且还能描绘出当代外来宗教进入中国后不在不同时期所呈现出来的不同形态，如 DEG 区域。由于中国宗教在交融过程中不断相互借鉴，三环结构从中国宗教现状出发，认为：每个宗教都有自己的权力中心，其势力的大小随着向外扩散而不断减弱，这样当两种宗教碰撞的时候要么相互吸收形成新的宗教形态，要么领地被其他宗教最后占领，三环结构就是在借鉴三层楼模式的基础上提出的，克服了其缺乏立体质感以及对当代宗教细节把握不足的缺点。

中国的宗教研究刚刚起步，长路漫漫，任何忽视中国社会的复杂性和区域社会的地方性，都会导致对中国宗教的错误判断，同时，以西方宗教视角来分析中国社会，以西方宗教价值来看待和评价宗教在中国之存在，由此带来的问题是中国宗教的主体性解释难以确立、中国宗教研究理论难有突破。[1] 希望本书能起到抛砖引玉之作用，吸引更多学者对当代宗教研究的重视。

参考文献

1. 白馥兰：《技术与性别》，江湄、邓京力译，南京：江苏人民出版社 2006年版。

2. 陈晓毅：《中国式宗教生态——青岩宗教多样性个案研究》，北京：社会科学文献出版 2008 年版。

3. 范丽珠：《西方宗教理论下中国宗教研究的困境》，载《南京大学学报》（哲学人文科学版）2009 年第 2 期。

4. 费孝通：《乡土中国》，上海：新世纪出版集团 2005 年版。

---

[1]　范丽珠：《西方宗教理论下中国宗教研究的困境》，载《南京大学学报》（哲学人文科学版）2009 年第 2 期。

5. 弗里德曼：《中国东南的宗族组织》，刘晓春译，上海：上海人民出版社2000年版。

6. 黄一农：《两头蛇》，上海：上海古籍出版社2006年版。

7. 金泽、陈进国主编：《宗教人类学》（第一辑），北京：社会科学文献出版社2009年版。

8. 金泽、陈进国主编：《宗教人类学》（第二辑），北京：社会科学文献出版2010年版。

9. 李霞：《婆家与娘家》，北京：社会科学文献出版社2010年版。

10. 刘淇：《信仰的地方表达与实践》，金泽、陈进国主编：《宗教人类学》（第二辑），北京：社会科学文献出版社2010年版。

11. 刘正爱：《东北地区地仙信仰的人类学研究》，载《广西民族大学学报》（哲学社会科学版）2007年第6期。

12. 罗宾斯·乔尔：《灵恩派基督教的全球化》，金泽、陈进国主编：《宗教人类学》（第二辑），北京：社会科学文献出版社2010年版。

13. 韦伯：《新教伦理与资本主义精神》，康乐、简美慧译，桂林：广西师范大学出版2007年版。

14. 韦伯：《经济行动与社会团体》，康乐、简美慧译，桂林：广西师范大学出版社2007年版。

15. 韦伯：《儒教与道教》，洪天富译，南京：江苏人民出版社2003年版。

16. 彭慕兰：《腹地的建构》，马俊亚译，北京：社会科学文献出版社2005年版。

17. 彭玉生：《中国经济转型中的宗族网络与私营企业》，中国社会学人类学研究网2005年11月29日（http://www.sachina.edu.cn/Htmldata/article/2005/11/661.html）。

18. 石方：《黑龙江区域社会史研究》，哈尔滨：黑龙江人民出版2004年版。

19. 施坚雅：《中国农村的市场和社会结构》，史建云、徐秀丽译，北京：中国社会科学出版1998年版。

20. 吴飞：《麦芒上的圣言》，香港：道风书社2001年版。

21. 阎云翔：《礼物的流动》，李放春译，上海：上海人民出版社1996年版。

22. 阎云翔：《私人生活的变革》，龚小夏译，上海：上海书店出版社 2009 年版。

23. 杨庆堃：《中国社会中的宗教》，范丽珠等译，上海：上海人民出版社 2007 年版。

24. 张江华：《卡里斯玛、公共性与中国社会》，载《社会》2010 年第 5 期。

25. 张思：《近代华北村落共同体的变迁》，北京：商务印书馆 2005 年版。

26. 张先清：《官府、宗族与天主教》，北京：中华书局 2009 年版。

27. 周星：《祖先崇拜与民俗宗教》，金泽 陈进国主编，《宗教人类学》（第一辑），北京：社会科学文献出版社 2009 年版。

28. 朱爱岚：《中国北方村落的社会性别与权力》，胡玉坤译，南京：江苏人民出版社 2006 年版。

29. Gerlach Hine, 1970, "People, Power，Change:Movement of Social Transformation", Indianapolis: Bobbs-Merrill.

30. Jacky Goody, 1983, *The Development of the Family and Marriage in Europe*, Press of Cambridge University.

附录二：移民、亲属与社会再生产

——一个东北汉人村落的婚礼实践

摘要：东北汉人社会是由一些逃避关内灾乱的移民组成的父系社会，由于这些移民多是个体或家庭移民，导致其宗族不发达，女性和姻亲的地位相对突出。这些移民在缺乏共同的信仰和公共生活的情况下，通过缔结婚姻关系建立和扩展自己的社会网络，进而依靠在婚礼上的展演和互惠实现了东北汉人社会的再生产。

关键词：移民　亲属　社会再生产

Immigrant, Kinship and Social Reproduction

Abstract：Han society in Northeast China is patriarchy, composed by the immigrations from Hebei or Shandong Provinces who had run away from plague or wars. They were mainly individual or family immigrants. In the countryside, kin were not fully developed, so the status of women and marriage was highlight in social network. By description of webbing in Han society in Northeast China，the immigrants relied mainly on the performance and mutual benefits practiced on wedding ceremonies a，in the conditions of lacking of community belief and lives .

Key Words：Immigrates　Kinship　Social Reproduction

20 世纪 20 年代开始，由中外学者开拓的中国人类学的社区研究和西南的族群研究享誉世界，至今仍影响着中国人类学的发展。虽然鸟居龙藏、史禄国、凌纯生在研究东北族群、历史和考古，阎云翔、刘正爱等在社区和宗教等方面留下了宝贵资源，但相比较东南和西南的研究，东北地区 [1] 的人类学研究仍受到冷落。从以往的研究者群体以及研究成果来看，虽然东北地区没有得到足够的重视，但我们发现在研究方法上，以往的研究不仅重视经验性的研究，而且对历史文献比较倚重，既有区域性的研究也有以社区为单位的研究，如何将实地调查与历史文献更好地结合起来，对东北的社会与文化进行更充分的记述，是人类学东北研究面临的首要任务。在具体实践的层面上，由于东北内部同样有着"再地方化"的历史，可以按照不同的分类标准做不同类型的民族志研究。[2] 本文以一个黑龙江的汉族村庄——靠河屯为田野点，以近代东北社会的变迁为背景，从东北移民切入，研究村民如何通过婚礼来实现地方社会的再生产？

一、靠河屯：乌裕尔河右岸的汉族村落

靠河屯位于黑龙江克山县南 1 公里处，靠河屯是一个自然村包括联心一组和二组两个行政小队，全村常住人口 424 人，分为 130 户 [3]；111 户核心家庭中，村民全为汉族。靠河屯有 36 个姓氏，53 个支系，其中户数最多的姓氏是刘姓，有 37 户，分为 5 个支系；最大一个支系是任姓，有 18 户；最小的支系为 1户，全村支系中小于 5 户的有 32 个支系，高于 10 户的支系有任家、刘裕家和刘成家。从这一点上来看，靠河屯虽然是一个父系社会，但并不是一个宗族村落，呈现出孔迈隆（Cohen Myron）所说的"显著的宗亲异质性"（pronounced agnatic heterogeneity）[4]。

靠河屯现有支系迁入靠河屯的时间如下：

表一　靠河屯人口迁移情况

迁入时间	1920 年前	1921—1945 年	1946—1976 年	1977—1992 年	1992—2010 年
迁入支系	5	23	21	4	无
村庄支系	5	28	49	53	53
村户总数	9	26	73	176	231
人口数	39	180	463	653	737[1]

---

[1]　本文曾在 2012 年中国社会学年会质性社会学分会宣读，后发表于《长江师范学院学报》2013 年第 4 期。从地理学上讲，东北包括黑、吉、辽和内蒙古东部地区，但在人们习惯上主要就是指黑吉辽三省，本文采纳习惯用法。

[2]　吴世旭：《人类学东北研究断想》，载《文化学刊》2011 年第 9 期。

[3]　130 户中有 5 户（15 人）非本村户籍，在该村从事运输业。

[4]　Cohen Myron: *Lineage Organization in North China* [J]. Journal of Asian Studies (49)511 .

从村民移民迁到靠河屯的主要动因来看，53 个支系主要分为逃荒、招垦、结亲三种方式，具体分布如下：

表二　靠河屯村民迁移类型

	逃荒		招垦	结亲
	投奔亲属	无亲属		
支系（个）	5	10	34	4

何廉曾对 1927 年以前内地移民留居东三省时间的长短做了估计，其中计划居留一年者占移民总数的 10%，两年者占 20%，三年者占 40%，五年者占 10%，七年者占 3%，十年者占 1%，十年以上者占 1%。[1]

表三　1923—1925 年大连港登陆、返籍移民人数月份比例比较表

	1月	2月	3月	4月	5月	6月	7月	8月	9月	10月	11月	12月	合计
移入(%)	3.1	9.6	26.2	11.2	7.0	4.5	4.9	5.6	6.4	8.1	8.0	5.4	100.0
移出(%)	9.9	5.0	8.1	6.9	7.0	7.7	6.2	6.3	6.5	9.1	12.7	15.3	100.0

据旅吉山东会馆和龙江慈善会的难民册，在 1927 年、1928 年到吉林省城的山东移民、1929 年到黑龙江省城的河南移民中，男子占 40.16%，女子占 26.29%，孩童占 33.55%。[2]

表四　1925—1929 年在大量登陆的关内移民性别分配表 [3]

年　份	成年男子		妇女与儿童	
	人数	百分比（%）	人数	百分比（%）
1925 年	174 733	88.5	22 659	11.5
1926 年	242 624	88.8	30 448	11.2
1927 年	481 031	80.2	118 421	19.8
1928 年	418 960	82.7	87 593	17.3
1929 年	433 777	84.6	79 170	15.4

资料显示：东北汉人社会是近代由一些逃避关内灾乱而"闯关东"的移民组成的农村社区 [4]，这些移民多是个体或单个家庭移民，没有强大的父系祭祀组织。

---

[1]　何廉：《东三省之内地移民研究》，载《经济统计季刊（第一卷）》1932 年第 2 期。

[2]　陈翰笙：《难民的东北流亡》，冯和法编：《中国农村经济论》，民国丛书（第二编，第 35 册），上海：上海书店年影印版 1990 年版，第 339 页。

[3]　马平安：《近代东北移民研究》，济南：齐鲁出版社 2009 年版，第 233 页。

[4]　王广义：《近代中国东北乡村社会研究（1840-1931）》，北京：光明日报出版社 2010 年版，第 17 页。

由于没有强大的宗亲，移民到达靠河屯后，为了拓展自己的社会网络，联姻变得格外重要。从靠河屯的移民来看，依赖联姻建立社会网络的支系占靠河屯的九成左右，同时，由于妇女在生产和生活中的重要作用[7]，以及东北土著文化中"重女"的影响，使得妇女和姻亲的地位相对突出。

早期到达靠河屯的任洪奎凭借其先到优势，开垦了许多荒地，经过十几年的发展逐渐成为靠河屯富有的村民。任家经常借给后来的移民种子、房屋、粮食等，并且在灾年时，减免村民的地租；日伪时期，任洪奎曾经代表靠河屯和胡子马六谈判，保护了村庄的安全，凭借这些"义行"使得任洪奎逐渐成为靠河屯的精英，民国期间被任命为村长等职务。但在日伪和新中国时期，这些政权为了延伸自己的权力、控制乡村社会，不断打压任洪奎在靠河屯的势力，尤其是"四清运动"，党中央派来工作组，对任洪奎彻底清算，任命转业军人——单志军为村长，任洪奎在靠河屯的领导地位被取代，靠河屯也失去了自己的公共权威。

移民在关内的胡黄信仰和通古斯语族的萨满教基础上形成了"地仙信仰[1]"[2]，地仙信仰按其功能又分为保家仙和出马仙，出马仙主要是由专职宗教人士主持、以治病救人为目的的地仙信仰，如靠河屯的梁淑英。保家仙为了保护家庭和家人平安的信仰，主要是在一个支系内部进行，有支系内部的长辈主持。靠河屯有七成支系供奉保家仙。由于保家仙作为靠河屯的主要信仰，靠河屯没有共同的信仰，因而，保家仙不具有整合地方社会的作用。

综上所述，东北汉人社会是清末明初由一些为了逃避关内灾乱而"闯关东"的移民组成的父系社会，导致其宗族不发达、女性和姻亲地位相对突出。在这样的社会里，人们根据彼此的互动频率和亲密关系，把亲属分为实在亲属和一般亲属。[3]这种超越了血缘、姻亲和拟制亲属的分类，主要体现在村民的日常生活实践。如靠河屯的方全和方才是兄弟，并且都从事贩运河沙，但方全和李新一起出工，同时给一个工地供应河沙，而很少与方才一起运输，方全说：我们两个不对脾气，

---

[1]　地仙信仰主要是指胡、黄、鼍、蟒、青对应的是狐狸、黄鼠狼、长虫、蟒蛇、祖先五种信仰。按功能又分出出马仙和保家仙。出马仙又称出堂的，主要是用于治病；保家仙主要是供奉这个支系的祖先。

[2]　刘正爱：《东北地区地仙信仰的人类学研究》，载《广西民族大学学报》（哲学社会科学版）2007 年第 3 期。

[3]　阎云翔：《礼物的流动》，李放春译，上海：上海人民出版社 1996 年版，第 96 页。

对钱的看法也不一样，我和李新一起两年多，关系都一直都很好。所以在方全家盖房子的时候，李新随礼 500，方才随礼 400 元。因而，方全和李新虽然没有血缘和姻亲关系，但两个人在当地文化上确是实在亲属关系。实在亲属成为村民日常生活实践的重要尺度。

下面我以靠河屯村民的婚礼为例，通过村民对实在亲属的实践，来说明地方社会再生产如何成为可能？

二、靠河屯的婚礼

生命礼仪可以分为出生礼、成年礼、婚礼和丧葬礼。[1]靠河屯的出生礼包括出生后的三天、满月、百天，这些仪式主要是家庭内部举行，直系血缘亲属参加；成年礼主要在高考前由学校统一举行宣誓活动，不涉及家庭和村庄。婚礼和丧葬礼原本在家庭内部进行，但由于靠河屯宗族不发达，村民通过实在亲属的实践，使得婚礼和丧葬礼成为乡村社会重要的公共生活。本文以婚礼为例。在中国的民俗中，婚礼有广义和狭义之分，狭义专指结婚当天举行的仪式，广义上的婚礼包括纳采、问名、纳吉、纳征、请期、亲迎。虽然在靠河屯村民印象中的婚礼仅包括典礼当天，但为了说明婚礼在地方社会中的作用，我从广义上的婚礼进行叙述，即包括相门户、订婚、迎亲、典礼、回门。

相门户。男女双方互相打听下对方家庭及个人情况，合适后就托介绍人撮合，得到确定消息后就可以相门户。一般都是男方及家人到女方家，主要是为了观察女方的家庭和经济，双方的直系亲属参加见面。靠河屯的相门户可以分为两种类型：一是未婚青年男女已经自由恋爱并互相认可，只是家长没有正式见面，那么相门户就只是走个程序，相门户也就直接包括下个程序——订婚，双方家长直接谈论聘礼等事宜；二是男女双方没有见过面，相门户就是男女双方初次见面，提供大家认识的机会，青年男女经过一两个小时的交流，再告诉父母对对方的看法，男女双方的父母也相看对方的外貌和谈吐，如果互相认可对方，相门户的目标就达到了。男方的亲属可以留在女方家吃饭。之后男女经过一段时间的相处，如果大家仍满意对方，那就进入下一个阶段——订婚。一旦某一方不满意对方，那男女双方就没有交往下去的可能，双方关系就到此为止。

---

[1]　　Catherine Bell: *Ritual Theory , Ritual Practice*, Oxford : Oxford University Press, 1992.

订婚。这个阶段是在未婚男女经过一段时间相处后，双方及家长都很满意，就可以商讨结婚事宜。一般都是男女双方家长在介绍人的撮合下，在男方家准备酒席，双方家长及直系亲属参加。在酒席开始前，双方直接商定好彩礼的数目以及支付的方式（现在都是干折成现金）和结婚的大概时间。彩礼的商定类似于市场上的"讨价还价"，一般是女方先提出彩礼的数目，通过介绍人告诉男方，而男方如果认为高，则降低一些，再通过介绍人转达给女方，最后在男女双方数目相差不大的情况，介绍人最终说出男女双方要求的中间数目作为最后的彩礼数目。当然也不排除，女方提出的彩礼已经在男方接受范围内，或男方家庭富裕，没有降低女方提出的数目，就直接答应女方的要求或额外再给一些礼物如未婚妻的金首饰、衣服等。

迎亲。在东北的农村，当前的趋势是在订婚后不到半年就举行结婚仪式，有些是男方家长希望孩子早点成家立业，尽早自立，也有如阎云翔所说的男女有婚前性行为，女方已经怀孕，当地人称为"先上船后买票"[11]317。双方父母都希望尽早结婚，以免被其他村民笑话。结婚的人家会请村里的老人或阴阳先生选个好日子，一般要求是结婚的日期要在农历和公历上都是偶数日子，即双日子。确定好时间之后，双方准备结婚事宜。

靠河屯的习惯是：在结婚前一晚，男方要把彩礼全部交给女方，如果没有做到事先的约定，就可能出现新娘在结婚当天不上迎亲婚车的情况。女方家在"正日子"（结婚时间）前一天准备酒宴招待自家的亲友，男方举行婚礼的时间则是"正日子"，即大家选定的结婚日期。婚礼当天早晨的六点左右，由新郎家派车迎亲。还要请县城的司仪和摄影师记录婚礼的全过程。男方一般都是派村里一个懂礼数的"全福人"[1]和几个未婚的小伙子陪同新郎去接亲。新郎进女方家的时候，新娘的好友会故意关门，一些未婚的姑娘会故意刁难新郎，直到新郎给了红包或喜糖，才可以进屋，过了这关后，新郎拜见新娘的父母，改口称新娘父母为爸妈，如果新娘的父母不送亲的话，这个时候老人会给新郎"改口钱"[2]，如果去送亲的话，改口钱放在结婚典礼上给。之后，新郎和新娘父母、新娘及亲友合影留念，

---

[1]　指有儿有女、父母健在的中年妇女。

[2]　新人称呼对方父母为爸妈，从此成为一家人了。早期改口钱是 101 元，意为百里挑一，现在最少是 1 001 元甚至有 10 001 元。

新郎给新娘穿上新的红鞋，由新娘的哥哥（有时也是新郎）把新娘抱上婚车，在上婚车之前，不许穿新鞋的新娘脚落地，当地人认为这样做是不让新娘从娘家带走任何东西。

之后，新郎、新娘、伴郎伴娘以及娘家"压车"的孩童[1]坐在迎亲车队最豪华的车里，走在迎亲队伍的前面，送亲的"娘家人"则分别坐男方派来的其他迎亲车里，跟在婚车后面。娘家人通常是女方的亲属、邻居和新娘的好友，送亲的娘家人在五十人以内。如果男女双方住在同一个村子，则迎亲队伍在附近转一圈再去男方家，并且要求迎亲的队伍不能走"重复"的路。

婚礼当天的早晨八点左右，在宾客未大量来到之前，男方家庭会在邻居家设立一个礼账房，安排两个人（其中一个人是男方家的实在亲属）分别负责记账和收礼金。在婚礼结束的时候，两个人核对数目，再交给男方家长。

典礼。迎亲队伍刚进入村子，男方家开始放鞭炮，婚车进男方家门口的时候，"支客人"[2]派人给压车的男孩红包，村民尤其是未婚男女们会用"五谷粮"[3]抛打新娘，以此祝福这对新人。支客人及新郎父母迎接娘家人进新房。村里的"全福人"把用红纸包着的斧头和大葱递给新娘，新娘的姐妹动幔帐，新娘的哥哥拧"长命灯"，每人得到一个红包。新娘在放有硬币的脸盆里洗手，之后新娘和姐妹们就坐在撒有花生和大枣的炕上。"支客人"和男方的实在亲属都开始忙着招待娘家人。

乐队司仪在院子里主持结婚典礼，支客人开始张罗给娘家人摆酒席。在司仪的主持下，娘家人、宾客及村民围在四周，典礼内容包括新人讲述恋爱过程；新人改口互认对方父母，父母要给新人"改口钱"；双方父母发言；司仪祝贺词，最后是乐队表演，或播放流行或喜庆的音乐。

半小时的典礼后，娘家人先入酒席，支客人为每桌派村里能说会道的男（女）陪着娘家人吃饭和喝酒，席间新人要给娘家人敬酒，女方的父母带新人认亲。为了不耽误男方家下一悠的酒席，娘家人一般都是在菜上全[4]后，很快吃完，稍做

---

[1]　一般都是新娘直系亲属家的男孩。

[2]　一般由村里有见识且能指挥的人充当，相当于这场婚礼的总指挥。现在靠河屯的婚礼和丧葬礼大部分都有李长富担任支客人。

[3]　用黄豆、玉米、小麦、小米以及高粱加上一些五彩纸拌成的。

[4]　靠河屯婚礼中一般都是十六个或十八个菜，上菜的顺序是凉菜、热蔬菜、鱼、甜品（菜）。

休息后准备离开，新郎家长及其实在亲属在寒暄中送娘家人上车。同时，要求送亲的娘家人不能半路下车，娘家人要带走新郎家准备好的四根猪肋条肉（即离娘肉）、四副碗筷和一把勺子 [1]。送走娘家人之后，支客人指挥"唠忙"的年轻人尽快收拾宴席，准备第二悠，招待给男方家"随礼"的客人。酒席间，新郎父母带新人敬酒、认亲。现在很多婚礼直接在酒店举行，因而很多程序可以省略或分成两个部分，即先迎亲到新房，之后到酒店典礼。这里以在靠河屯准备酒席为例。

宾客都吃完后，新郎家再准备几桌，招待"唠忙"的村民及其实在亲属。这个时候剩下的都是男方家的"家里人"（即实在亲属），不太在乎菜的数量，主要是要有几个硬菜 [2]，犒劳大家。由于新娘在婚礼当天都在忙着敬酒、认亲，晚上新郎家要给新娘吃"长寿面"和"子孙饺子"。酒足饭饱后，和新郎年龄相当的年轻人以及新郎的好友开始闹洞房。东北俗语：（结婚）三天不分大小，即在新娘进门的三天内不分长幼，大家都可以和新娘互相调侃。闹洞房大概会持续到晚上十点，直到老人劝住才停止。

回门。靠河屯的习惯是结婚后第三天新人要回娘家，以往的新人一般带着"四盒礼" [3] 看望岳父母，现在多是给新娘家的亲人买衣服和礼物，同时新人也会看望新娘家的一些长辈。之前，新人第一次登门，作为长辈都要给点钱作为见面礼，现在是为了避免双方尴尬，新人只会去看望新娘的爷爷奶奶和姥爷这些辈分高的亲戚，其他实在亲属就是在新娘家吃顿饭，大家互相认识下。当地的习俗是新人在三天回门的时候不能在娘家住下，除非路途远，由于不能当天返回，新人才可以住娘家。

三、婚礼：社会再生产成为可能

前文我们描述了靠河屯村民结婚的大致程序，接下来我们从结婚的每个阶段来分析，为什么说村民的婚礼实现了东北汉人社会的社会再生产？我以靠河屯村民徐涛的婚礼为例说明。

靠河屯的"相门户"（或相亲）和"订婚"只是男女双方家庭之间最多是家族之间的互动，参与者都是双方家庭的直系亲属。经过相门户，最后达到了解对方，

---

[1]　如果将来新人生的是男孩，女方父母要把这把勺子还给男方。女孩则娘家留下。

[2]　人们特别喜欢吃的菜。

[3]　包括两瓶酒、两瓶罐头、两盒糕点、两条烟。

并认可对方。2010 年村民徐涛的相门户，在女方家举行，参与者除了双方的亲属外还有介绍人是梁继成。因而从我的调查资料来看，相门户仍属于家庭内部的活动，并未波及其他村民及乡村社会。

订婚后，男女双方频繁互动，甚至是住在对方的家里。在成家立业观念的趋势下，或者一些未婚先孕的驱使下，父母双方都希望男女青年尽早结婚。在订婚阶段确定彩礼数目。靠河屯的彩礼实行"干折"，即男方把为新夫妻准备的所有物品折算成现金，支付给小夫妻。除了干折外，男方父母还要给小夫妻准备一套新房，2005 年，在靠河屯建三间房子，一般需要 10 万左右。从近几年的调查数据来看，靠河屯的结婚费用节节攀升，彩礼一般都是在婚礼举行前全部支付给未婚妻。但从靠河屯的村民收入来看，许多村民为了给儿子娶媳妇不得不"拉饥荒"[1]。据县志统计：2005 年克山县农民个人的年收入为 3 095 元。[2]2012 年靠河屯村民的个人年均收入也不超过 5 000。在 2005 年，徐家已经花费 9 万盖了五间新房，徐志彬（徐涛的父亲）打算和儿子家各住一半。在婚礼前，徐志彬家有存款 10 万元，从妻弟马忠家借来 3 万，从邻居曲连成借来 2 万，从梁艳平家借来 2 万、从李长富家借来 1 万，共计 18 万（其中 1.5 万用作婚礼费用）。这五个人中只有马忠和李长富是徐家的直系亲属，其他都是徐志彬的好友，即靠河屯村民眼里的实在亲属。

表五　靠河屯近年来结婚费用统计表

姓　名	赵辉	赵波	赵凯	刘国军	单国峰	徐涛
结婚时间	1987 年	1992 年	1994 年	2002 年	2005 年	2010 年
费用（元）	3 000	7 5001	20 000	65 000	105 000	165 000

在婚礼前三天，徐家就开始准备婚礼，先确定婚礼的"支客人"，由支客人和徐志彬商议婚礼的具体内容。在支客人的指挥下，一些来帮忙的小伙子开始到其他村民家借桌椅和碗筷。当今，只要我们留意靠河屯村民家中的凳子，凳面下面都会有用油漆写着户主的名字，这是为了在婚礼结束后，送还时候方便区分。而今婚礼上的厨房用品多是从饭店租赁的，但收拾为酒席准备的菜肉、清洗厨房

---

[1]　借债的意思。

[2]　克山县志编纂委员会：《克山县志（1986—2005）》，哈尔滨：黑龙江人民出版社年 2005 年版，第 134 页。

用具也需要村里的妇女帮忙的，购买酒席用品则由村里的小伙子完成。酒席一般都摆放在婚礼家庭和邻居家，一家最少三桌酒席，即炕上、里屋、外屋各一桌。因而，在婚礼前的两三天，村里的一些妇女和小伙子都会到徐家帮忙，靠河屯把这些婚礼上帮忙的村民称为"唠忙的"。这也是村民习惯把婚礼举行在在秋收后或冬季的原因，农闲时节村民可以有时间和精力准备这些重大的仪式性活动。在婚礼当天，一部分未婚的小伙子要陪同新郎接亲，还有一部分要伺候酒席，同时，支客人和徐志彬商量好，会让一些酒量好、能说会道的村民作为"陪亲的"陪同娘家人吃饭，直到把娘家人送走为止，而能承担这些任务的村民都和徐家有很好的关系。靠河屯村民认为：举办婚礼的家庭都希望唠忙的人多，因为参加婚礼的宾客多、收到的礼金就多，这样才会让这家在村里更有面子。而唠忙的人和徐家并不是单向的，这需要徐家在日常生活中不断互动来完成，如徐志彬的媳妇也会在别人家举办仪式的时候去唠忙，徐志彬也是这些仪式上的"火头军"[1]，因而，通过徐家与其他村民在仪式性活动上的互动，使得徐家与村民之间联系更加紧密，并且在不断的互动中，徐家与一些村民逐渐走近，发展成为所谓的"实在亲属"。

除了通过"唠忙"来加强村民之间的关系外，"随礼"也成为巩固村民关系的重要手段。根据我在靠河屯近三年来的调查，靠河屯村民的随礼在数量上可以分为四个层次：200及以上、100、50、50以下。下面我以2010年靠河屯徐涛的礼账为例：

表六　徐涛婚礼上靠河屯村民随礼情况

		200元及以上	100元	50元	50元以下	总数
户数	徐家随过礼的	15	32	31		78
	徐家没随过礼的	3	6	11	10	30
占总随礼户数的比例		16.7%	35.2%	38.9%	9.2%	100%
金额		5 300	3 800	2 100	290	11 490
占总金额的比例		46.1%	33.1%	18.3%	2.5%	100%

从表六看，在徐家收到的礼金中第一层次（200及以上）共有18户。有8户是徐家的直系亲属。8户中有3户为徐家的族亲，均为四百，徐家的姻亲有5户，

---

[1]　由于在村民家庭举办仪式，酒席完全自己制作，因而，厨房都需要一个烧火的人帮忙，徐志彬擅长这个，因而村民戏称他为火头军。

随礼最多（500 元）的石长河，是徐志彬的"连襟"，其他都为 400 元。有 4 户曾与徐家一起养奶牛，时常合作放奶牛和送奶。2 户是徐家的邻居，相处十几年，徐家在邻居家的仪式活动中都曾随礼。2 户现在和徐志彬一起在贩运河沙，一起送河沙给县城的建筑工地。最后 2 户是平时和徐家往来密切的村民，其中十户村民都随礼 200 元。在 18 户中有 15 户村民曾经和徐家有过礼份子往来，只有 2 户贩运河沙和 1 户养奶牛的村民未曾与徐家有过礼份子往来，但这 3 户目前与徐家关系很好，时常合作互助，每家的劳作大家都积极参加。

第二层次（100 元），主要是徐志彬的侄子和外甥都是 100 元，而这些直系亲属尤其晚辈亲属，只是给徐志彬家单向随礼或者向徐志彬家随礼频率更多的，因而他们不会与第一层次的八位亲属相比，在随礼上，晚辈会少些。扣除这些晚辈亲属外，其他曾与徐家有过礼份子往来的村民，会根据之前徐志彬给本家随礼的情况，确定这次给徐家随礼的数量，但一般情况是：只要曾有过礼份子往来的，这次随礼都会增加一点。如果村民之间随礼和还礼的数目相同或减少的话，那证明该村民要退出这个互惠圈，因而，这样做会招致其他村民的讥笑。而我对该层次中未曾与徐家随过礼的 6 户情况进行分析，发现：他们都是近年来和徐家有频繁互动的靠河屯村民。徐志彬说：既然他们都这样（随礼）了，以后他们家有事，我也肯定参加，还要随多点礼。在三个月后，当赵家的孩子满月，徐志彬媳妇送去了 100 个鸡蛋（市值约为 120 元）。

第三层次（50 元），31 户都与徐家有过一次随礼经历，与这次随礼相距时间较长，比如杨福林家，他的小儿子在 1998 年结婚，当时徐家随礼 30 元，之后两家再也没有如婚礼和丧葬礼这样的仪式性活动。而其间，徐家盖新房，杨福林家也没有随礼。还有一种情况就是徐家下次给随礼的村民家还礼的时间会在很久以后发生，如方全家，方家 1996 年生小孩，基于是村民关系及孩子小的因素考虑，方家随礼 50 元。而在那些第一次随礼的村民中，有 3 家是即将举行仪式性活动，如刘成的儿子今年二十岁了，再过两三年即要结婚。其他都是近年来和徐志彬家交往逐渐增多的村民。如刘树臣家，由于徐志彬媳妇和刘树臣媳妇最近都信仰了基督教。

第四个层次（50 元以下），这些村民家之前都未曾与徐家发生过互惠活动，而这次随礼主要是是基于村民关系、日常生活中偶尔存在与徐家的互动。如村民程万章说：我们都这么大年纪了，随点礼就行了，抬头不见低头见的，省得难看。

从表六中发现：随礼的村民中有 78 户曾经与徐家互惠过，占总数的 72.2%；而 78 户村民随礼的总金额是 9 450 元，占总金额的 82.2%。78 户村民在日常生活中频繁与徐家互动，构成了徐家在靠河屯的社会圈子。而徐家的直系亲属虽然在随礼的数目很高，但由于人数少、占总金额和总户数的比例都很低，使得徐家在日常互动中更频繁与那些没有亲属关系的村民互动，因而在靠河屯里，与之频繁互动的村民（即实在亲属）是徐家的主要交往对象。

在宗族发达的地区，婚礼成为凝聚宗族的重要手段，这样的乡村社会也会通过共同的祭祀及其他村落公共活动来维持着乡村社会再生产。[1] 而如靠河屯这样的东北汉人社会，由于父系祭祀组织不发达，村落内部公共生活缺乏。村民依靠在婚礼上的展演和互惠维持乡村社会的再生产。

婚礼成为乡村社会再生产的重要手段，主要是因为：在靠河屯这样的东北汉人社会里，由于宗族不发达，人们在日常生活中更倾向于与"实在亲属"互动，而"实在亲属"不同于血缘亲属，具有一个明显的界定范畴，在东北汉人社会，实在亲属是一个很有弹性的范畴。在乡村社会中，村民总是希望自己的活动范围遍布整个村庄，即尽量把所有的村民都纳入自己的实在亲属范围内。靠河屯村民的婚礼恰恰给实在亲属提供了一个展演的舞台，村民通过在婚礼上的展演和互惠，村民之间缔结新的社会关系或进一步巩固彼此的关系，进而把村民团结在乡村共同体之中，婚礼也就成为乡村社会再生产的重要手段。

四、余　论

由于城市化的影响，村民之间的互惠也由基于情感关系向经济利益关系转变，以及一些村民开始在酒店举办婚礼，婚礼上的展演（尤其是唠忙）已经在慢慢在村民婚礼上消失；同时，一些村民常年在外打工，不参加其他村民婚礼的互惠活动，几年后，这些外出打工者回到靠河屯举办婚礼，很多村民们对此颇有微词，甚至是拒绝参加这些人的互惠圈。面对这些问题，婚礼上的展演（尤其是唠忙）和互惠的社会作用逐渐在乡村社会中慢慢的消失，村民的婚礼在缺少这些要素的时候，是否能继续维持社会的再生产，也是一个值得深入研究的话题。但从目前的情况来看，村民通过婚礼上的展演和互惠是可以实现乡村社会的再生产。

---

[1]　张思：《近代华北村落共同体变迁》，北京：商务印书馆 2005 年版，第 347 页。

参考文献

1. 吴世旭：《人类学东北研究断想》，载《文化学刊》2011 年第 9 期。

2.Cohen Myron: Lineage Organization in North China, *in Journal of Asian Studies* (49)511.

3. 何廉：《东三省之内地移民研究》，载《经济统计季刊 (第一卷)》1932 年第 2 期。

4. 陈翰笙：《难民的东北流亡》，冯和法编：《中国农村经济论》，民国丛书 (第二编，第 35 册)，上海：上海书店年影印版 1990 年版。

5. 马平安：《近代东北移民研究》，济南：齐鲁出版社 2009 年版。

6. 王广义：《近代中国东北乡村社会研究（1840—1931）》，北京：光明日报出版社 2010 年版。

7.Judd Ellen: "Niang jia: Chinese Women and Their Natal Families", in *Journal of Asian studies* 1984(3).

8. 刘正爱：《东北地区地仙信仰的人类学研究》，载《广西民族大学学报》（哲学社会科学版）2007 年第 3 期。

9. 阎云翔：《礼物的流动》，李放春译，上海：上海人民出版社 1996 年版。

10.Catherine Bell. *Ritual Theory，Ritual Practice*[M] . Oxford : Oxford University Press, 1992.

11. 阎云翔：《私人生活的变革》，龚小夏译，上海：上海书店出版社 2005 年版。

12. 克山县志编纂委员会：《克山县志（1986—2005）》，哈尔滨：黑龙江人民出版社年 2005 年版。

13. 张思：《近代华北村落共同体变迁》，北京：商务印书馆 2005 年版。

附录三： 东北农民二十节气歌

大春阳气转，雨水沿河边；　惊蛰乌鸦叫，春分地皮干；

清明忙种麦，谷雨种大田；　立夏鹅毛住，小满雀（qiǎo）来全；

芒种开了铲，夏至不拿棉；　小暑不算热，大暑三伏天；

立秋忙打甸，处暑动刀镰；　白露烟上架，秋分不生田；

寒露不算冷，霜降变了天；　立冬交十月，小雪地封严；

大雪河茬住，冬至不行船；　小寒进腊月，大寒整一年。

附录四：马架子的示意图

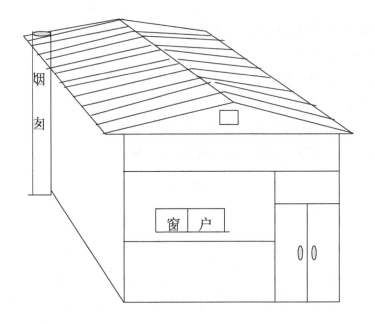

附录五： 结婚誓词

张大军弟兄，我在上帝和中亲友面前问你，你愿意娶田静姊妹为妻吗？（愿意）

你愿意尊重保护体贴安慰与她永不分离吗？（愿意）

你愿意以后在生活中无论是顺境还是逆境与她永不分离吗？（愿意）

田静姊妹，我在上帝和中亲友面前问你，你愿意嫁给张大军弟兄做你的丈夫吗？（愿意）

你愿意顺服保护体贴安慰与她永不分离吗？（愿意）

你愿意以后在生活中无论是顺境还是逆境与她永不离不弃吗？（愿意）

我在上帝面前，奉圣父圣子圣灵的名义宣布庄、田正式结为夫妻，愿上帝永远祝福你们。

附录六：圣召乐队表演节目单

歌　　曲：《好时光》

舞　　蹈：《不一样的爱》

歌　　曲：《歌颂赞美主》

舞　　蹈：《赐福于你》

乐器演奏：《我是一个兵》

舞　　蹈：《天空座位》

舞　　蹈：《等候神》

歌　　曲：《我知道我的救赎者永远活着》

乐器演奏：《蒙古人》

舞　　蹈：《赞美歌唱复兴》

歌　　舞：《好日子》

附录七：访谈人介绍

姓　名	性别	年龄（岁）	文化程度	所在地	访谈时间	访谈地点
徐 SH（方婶）	女	61	小学	克山县 SH 乡联心村二组		
方 SG（方叔）	男	62	初中	克山县 SH 乡联心村二组	2009 年 1 月 25 日 2010 年 12 月 24 日 2011 年 1 月 17 日	方家
马 SJ（徐 ZB 的媳妇）	女	52	小学	克山县 SH 乡联心村二组	2010 年 2 月 4 日 2010 年 8 月 2 日	徐家
李 CF	男	45	初中	克山县 SH 乡联心村二组	2010 年 1 月 17 日 2011 年 12 月 10 日	刘 B 家 李 CF 家
梁 YX	男	91	无	克山县 SH 乡联心村二组	2010 年 7 月 10 日	梁家
曹 XF	女	43	高中	克山县河南乡胜利村	2010 年 12 月 28 日 2011 年 12 月 14 日	曹家 曹家
赵 B	男	41	小学	克山县 HB 乡新民村二组	2009 年 7 月 16 日 2010 年 2 月 7 日	赵 B 家 方家
马 LX	女	80	小学	克山县 SH 乡联心村二组	2010 年 2 月 7 日	方家
邓姊妹	女	57	小学	克山县县城粮库北	2010 年 1 月 20 日 2011 年 7 月 24 日	邓家
李 CH（方 Q 的媳妇）	女	42	初中	克山县 SH 乡联心村二组	2010 年 8 月 6 日	方 Q 家
曲 YF	女	55	无	克山县 SH 乡联心村二组	2011 年 1 月 2 日	曲家
赵 SS	男	63	初中	克山县 HB 乡新民村二组	2009 年 7 月 16 日	赵家

　　注：按照人类学的传统以及保护访谈人的隐私，本书中所有的人物和相关地名都做了技术化的处理。

后　记

本书是根据我的博士论文修改而成的，几年后再次捧起，对于这些材料既感到熟悉，又那么陌生。

在本书即将付梓的时候，首先我特别感谢我的博士指导教师张江华教授。2009 年的春天，伴随着张老师的"跟着我读，会很辛苦"的话语，我忐忑地走进上海大学，幸运地投到张江华教授的门下学习人类学。从最初的懵懵懂懂，到如今的毕业走上工作岗位，处处渗透着张老师的良苦用心。师恩如海，衔草难报。

在上海大学的三年多时间里，非常感谢张佩国教授在学习和生活中对我的关心；感谢耿敬教授和张亦农教授在论文写作中提出的中肯建议；感谢师母林琼老师，在生活上无微不至的关心，让我身在异乡找到家的感觉；感谢范丽珠教授、周怡教授、纳日碧力戈教授在论文评阅和答辩过程中细心的审阅；感谢我的同学：黄波、聂家昕、董敬畏、谢皋馥、张慧芳、陆秀春、杨梅、陈妍娇、潘华，是他们陪我度过上海大学的博士生活，正是在这些师友的陪伴下，我的论文才不断完善，上海大学生活才更加精彩；感谢克山县的那些弟兄姐妹，正是他们的热情和耐心让我获得那么多的田野资料，掌握更多的"内幕"；感谢我的父母和兄嫂，默默地支持和鼓励我实现一个又一个的人生目标。同时，也非常感谢我现在所在的广西科技大学社会科学学院的领导和同事，在这几年里，生活上给予我无私的帮助，工作上也处处给我提携和方便，再次谢谢生活和工作中的朋友们。

人类学的求学之路虽然很多艰辛，但带给我更多的是乐趣，在乡村与淳朴的乡民聊天，在山野与热情的民众访谈，对于我来说都是一种幸福。此时看着这本小书即将出版，感受到现在既是一个终点，也是一个起点。

博士已经毕业几年，世事多变，有的亲人已经离我而去，朋友们也天各一方，但我知道，你们从没离开我，你们会看着我一步一步前行！

李 鹏

2014 年 3 月